Die Autorin

Jana Haas ist eine junge Frau, die seit Kindheit hellsichtig ist und mit Engeln, Naturwesen und anderen lichten Kräften in Kontakt steht. Sie arbeitet in Einzelsitzungen, Seminaren und hält öffentliche Vorträge, um Menschen zu helfen, in Kontakt zu ihrer eigenen geistigen Führung zu gelangen und seelische Heilung zu finden. Ihr Vater ist Russe, ihre Mutter „Wolgadeutsche"; die Familie lebte zunächst in Kasachstan, jetzt in Deutschland. Das Buch stellt im ersten Teil den bewegenden Weg von Jana Haas dar, wie sie sich immer mehr für die Botschaften und Hilfen aus der „unsichtbaren" Welt der Engel und lichten Wesen zu öffnen begann, um Menschen zu helfen. Im zweiten Teil gibt Jana Haas grundlegende Einsichten und praktische Beispiele, wie Menschen Hilfe aus den geistigen Ebenen erfahren. Im dritten Teil schlägt sie Übungen vor, wie die Leser selbst ihre eigene Verbindung zu Engeln und lichten Wesen erlangen.

JANA HAAS
mit Wulfing von Rohr

ENGEL UND DIE NEUE ZEIT

*Heilwerden mit
den lichten Helfern*

Besuchen Sie uns im Internet:
www.ullstein-taschenbuch.de

Allegria im Ullstein Taschenbuch
Herausgegeben von Michael Görden

Umwelthinweis:
Dieses Buch wurde auf chlor- und säurefreiem Papier gedruckt.

Originalausgabe im Ullstein Taschenbuch
1. Auflage April 2008
© der deutschsprachigen Ausgabe 2007
by Ullstein Buchverlage GmbH, Berlin
© der Originalausgabe 2003 by Jana Haas
Mitarbeit: Wulfing von Rohr
Umschlaggestaltung: FranklDesign, München
Titelabbildung: Ackermann & Frankl
Gesetzt aus der Sabon
Satz: te•ha, Anif
Druck und Bindearbeiten: GGP Media GmbH, Pößneck
Printed in Germany
ISBN 978-3-548-74420-9

INHALT

Teil 1: Engel und die neue Zeit
1. Das Goldene Zeitalter 11
  Der Weg im Licht, der Weg zur Quelle 13
  Zwei Gesichter des Heilens 15
  Abschied vom Geheimwissen 18
  Die Evolution des lichten Bewusstseins 21
  Drei Heilbeispiele aus meinen Kursen 24
  Vom männlichen zum weiblichen Zeitalter 25
  Engel und die Neue Zeit: Thema Ebenbürtigkeit . 27

2. Wie alles anfing 31
  „Jana, du kannst im Wasser atmen." 31
  Erste Astralreisen und Prüfungen 33
  Meine Urgroßmutter als Lehrerin
    und Geistführerin 34
  Eine etwas andere Jugend 37
  Arbeit für die Menschen: Aura und Organe sehen 39
  Wissen und Weisheit aus der geistigen Welt 44

Teil 2: Die Heilkraft der Engel
3. Was ist Heilen mit den Engeln? 53
  Ein Überblick zu den Engelgruppen 54

Ordnung schaffen, damit Engelheilkräfte
  wirklich wirken können 59
Heilkräfte der Engel 60
Engelbotschaften zu Heilverfahren 61
Schutzengel 63
Heilkraftengel 64
Erzengel 65
Familienengel 75
Kristallengel 77
Weitere Helferengel 78

4. Heilen mit anderen Geistwesen 80
Naturwesen 80
Lichtvolle Ahnen 86

5. Engel im Sterben und danach 90
Sterbebegleitung mit Engeln 90
Heilung auch nach dem Tode 92
Der so genannte Todesengel 93
Inkarnationsengel 95
Neun Phasen der Schwangerschaft 97

Teil 3: Was du für deine Heilung mit Hilfe der Engel und anderer lichtvoller Geistwesen selbst tun kannst

6. Voraussetzungen für deine Heilarbeit 107
Eigenverantwortung 107
Hilfe durch Therapeuten 108
Kontakt mit den geistigen Welten 117
Der eigene Entwicklungsweg 125

Atemarbeit 128

7. Gebete und Segnungen 134
   Warum Gebete und Segnungen wichtig sind
      und wie sie wirken 134
   Konkrete Vorschläge für unterschiedliche
      Lebenssituationen und Umstände 139

8. Meditationen und Übungen 153
   Schutzengelmeditation für jeden Tag 153
   Erzengelmeditationen für die ganze Woche 156
   Erkenntnisübung von Erzengel Gabriel 158
   Auflösung von Blockaden 161
   Heilung von Karma und Karmaengel 166
   Meditation mit Naturwesen 171

9. Schulung der Intuition 175
   Rückschau im Tages- und Nachtbewusstsein . . . 179
   Übung mit dem inneren Kind 184

10. Einladung zur Liebe in der Neuen Zeit 188
   Von Leid zu Liebe 189
   Jeden Tag neu beginnen 190
   Unsere Engelaufgabe in der Neuen Zeit 192

Anhang 197
   Biographische Hinweise zu Jana Haas 197
   Kontakt 198
   Hinweise auf CDs, Engelkartenset und Bücher . 200

TEIL 1

ENGEL UND DIE NEUE ZEIT

1.

DAS GOLDENE ZEITALTER

Das Goldene Zeitalter hat bereits begonnen, überall! Unter manchen Gruppen von Menschen und Gesellschaften, an manchen Orten und Ländern mehr, an anderen noch eher zögernd. Mancherorts zeigt sich das Neue Zeitalter deutlich – durch humanitäre Aktionen und soziale Arbeit, durch ökologische Achtsamkeit und Engagement für den Frieden, durch interreligiöse Dialoge und konfessionelle Toleranz, durch geistige Offenheit und persönliche Arbeit für die eigene spirituelle Entwicklung.

An anderen Ecken und Enden unseres Planeten sind die Zeichen des Goldenen Zeitalters noch nicht so klar sichtbar, oder sie sehen dort anders aus. Vielleicht fangen Menschen dort an, sich andere Gedanken zu machen darüber, dass Angehörige gewisser Religionen oder von Minderheiten an den Rand der Gesellschaft gedrängt werden, unterdrückt, ausgebeutet oder sogar getötet werden.

Bereits der Zweifel an und Unwille über Ungerechtigkeiten, bereits die geistige Erkenntnis, dass jede Form von Unmenschlichkeit, von Gewalttätigkeit gegen Menschen oder auch gegen Tier oder die Umwelt die eigene Seele beschmutzt, herabzieht und teilweise zumindest abtötet – bereits dieses Art von Erwachen des eigenen Bewusstseins ist ein erster, notwendiger Schritt, damit immer mehr Menschen und schließlich fast alle das Goldene Zeitalter auch in sich und in ihrer Umgebung einläuten und willkommen heißen.

Jedes Volk, jedes Land, jede mehr oder weniger homogene Gruppe, die Anteil an gemeinsamen Mythen und Erfahrungen, an Symbolen und Geschichten hat, besitzt seine eigene Geschwindigkeit, um, entweder aktiv und pionierhaft die Neue Zeit voranzubringen und auszuweiten, oder um sich eben etwas später einer allgemeinen geistigen Evolution des Menschheit doch noch anzuschließen.

In Deutschland, Österreich und der Schweiz, aber auch in England, den skandinavischen Ländern und manchen Mittelmeerländern sind die Kräfte der Neuen Zeit sehr gut sichtbar aktiv geworden. Wir dürfen erhoffen und erwarten, dass auch in Nordamerika und Südamerika sowie in Mittel- und Osteuropa und Asien die Anzeichen für das Goldene Zeitalter immer deutlicher werden.

Dort, wo Geisteskräfte stark entwickelt sind bzw. „trainiert" werden, können sich die Menschen viel bewusster zwischen Gut und Böse, zwischen Hell und Dunkel, zwischen Entwicklung und Transformation oder Beharrung und Fixierung entscheiden, als an solchen Orten, wo Macht und Besitz, Dogmen und rein materialistische Glaubensmuster das menschliche Bewusstsein besetzt haben.

Der Weg im Licht, der Weg zur Quelle
Es geht in unserer Neuen Zeit darum, dass wir entscheiden, welchen Weg wir gehen wollen: den Weg im Licht und zur Quelle, den Weg der Mitmenschlichkeit und Liebe im Alltag, oder den dunklen Weg der Angst, der Angst vor dem Leben und dem Tode, vor materiellen Verlusten und Minderung unserer Stellung und unserer Herabsetzung unserer Überzeugungen.

In östlichen Ländern, zum Beispiel in Russland, durften Heiler zum Beispiel durchaus „zwei Gesichter" haben, und sie dürfen es auch heute noch – weil die spirituelle Evolution in diesen Ländern etwas „hinterherhinkt". „Zwei Gesichter", das heißt, drastisch gesprochen, dass es möglich ist, dass ein Heiler anderen Menschen helfen, sich aber zu Hause wie ein Despot benimmt. Oder dass eine Heilerin wunderbare Heilungen vollbringen kann, sich privat aber irgendeiner Sucht ergeben hat.

Ein kleines persönliches Beispiel möchte ich anführen. Vor wenigen Jahren war ich als ganz normale Besucherin bei einem großen Heilerkongress in der Schweiz. Dort waren etliche russische Heiler und Schamanen als Referenten eingeladen, um Heilungen zu demonstrieren. Ich wollte einmal selbst erleben, mit welchen Kräften einige dieser Menschen arbeiteten. Bei diesem Heilerkongress begegnete ich einer Frau, deren Kräfte mich interessierten und von der ich mir gerne etwas davon zeigen lassen wollte. Das spornte sie an, wie ich meinte. Ich spürte ein gewisses „Kribbeln", das ich nicht gleich deuten konnte, ließ mich jedoch auf eine eigene Erfahrung ein. Sie fasste mich am Puls an, um meinen „Seelenleib" zu spüren. Ich spürte, dass sie etwas „konnte", dass sie also durchaus über gewisse Kräfte verfügte.

Ich stellte meine Frage und sah, wie hinter ihr ein lichtvolles Wesen erschien, dass ihr die Antwort durchgab; das konnte ich (weil ich ja selbst „hellsichtig" bin) sehen und hören. Dann stellte ich eine zweite Frage und merkte aber sofort: „Achtung!" Ich sah, wie ein dunkles Wesen kam und ihr unbedingt eine Antwort durchgeben wollte. Sofort sagte ich innerlich: „Nur reine Liebe darf in mich hinein, alles andere weichen muss von mir." Prompt konnte die Frau die Antwort dieses dunklen Wesens nicht durchgeben. Noch zwei Male versuchte sie es, aber ich wiederholte auch zwei Male diesen Satz, eine Art von Schutzgebet. Danach beendete sie sehr gezielt und wohl auch leicht verunsichert die Beratung und komplimentierte mich hinaus.

1. Das Goldene Zeitalter

Zwei Gesichter des Heilens

In Ländern, in denen die Geistesentwicklung und damit die Klarheit und Bewusstwerdung der Gedanken sozusagen noch in den Kinderschuhen steckt, läßt die geistige Welt die Menschen beide Seiten von Kräften kennenlernen, die helle und die dunkle Seite. So sollen die Menschen zum Nachdenken angeregt werden, sie sollen lernen, ihre spirituelle Unterscheidungsfähigkeit zu entwickeln.

Die zwei Gesichter von Heilern oder die „Doppelbesetzung" mit einem lichtvollen Anteil und einer gleichzeitigen Öffnung eben auch für dunkle Mächte in diesem Sinne – dafür ist Rasputin, der geheimnisumwitterte Heiler der letzten Zarenfamilie ein besonders berühmtes Beispiel. Grigori Jefimowitsch Rasputin wurde am 10. Januar 1869 (nach dem alten julianischen Kalender) im sibirischen Dorf Pokrowskoje bei Tobolsk am Rande des Urals geboren. Er wird an den Zarenhof gerufen, um den an Hämophilie leidenden Zarensohn Alexeij zu heilen. Ärzte und sogar spätere Kritiker müssen feststellen und bestätigen, dass Rasputin unerklärliche Heilkräfte besaß und zwar nicht immer, aber eben doch häufig tatsächlich helfen konnte. Sein Einfluss auf die kaiserliche Familie wird groß, besonders auf die Zarin Alexandra. Zugleich verunsichert er manche seiner Anhänger durch seltsames Gebaren; seine Feinde werfen ihm monströses Verhalten, Sexorgien und magische Beschwörungen vor. Auf jeden Fall war die Mischung von bäuerlichem Wesen, erdiger Naturkraft, religiöser Inbrunst, teils mönchischer, teils ausschweifender Lebensart in Verbindung mit seiner charismatischen Ausstrahlung und seinen erstaunlichen Heilerfolgen für die Menschen seiner Zeit ein großes Geheimnis. 1914 wird ein öffentliches Messerattentat auf ihn verübt; er überlebt, fängt jedoch an zu trinken. Ende September 1916 (am 17. Dezember früh nach dem julianischen, am 30. Dezember nach dem neuen Kalender) wird Rasputin unter Führung von engen Vertrauen des Zaren Nikolaus II. ermordet.

Eine seltsame Erscheinung ist, dass in Russland und sogar in Deutschland Diskotheken „Rasputin" heißen, wohl um dem jeweiligen Lokal etwas „Verruchtes" oder „Geheimnisvolles" zu geben, um es durch eine düstere Geschichte, die mit diesem Namen verbunden ist, vermeintlich attraktiver zu machen. Damit sollen dann mehr oder weniger bewusst dunkle Seelenanteile angesprochen werden. Die Leute, die solche Namen benutzen, übersehen dabei aber leider, dass sie (und ihre Besucher) sich energetisch etwas einhandeln, weil auf psychischen und metaphysischen Ebenen eine Art von „Gegengeschäft" stattfindet, in der weniger lichte Motive und Handlungsweisen gestärkt werden, die ihrerseits die Kraft der reinen Seele schwächen.

In Gesellschaften, Ländern und Völkern, die noch nicht so offen für die Neue Zeit sind, wird es noch einige Zeit lang Heiler geben, die zwei Gesichter besitzen, die sowohl mit lichten Heilkräften arbeiten als auch dunkle Kräfte einsetzen, um ihre persönlichen Ziele zu erreichen. Denn darum geht es im Kern: Ist der Heiler und Lehrer, ist die Heilerin und Lehrerin bereit, sich auch in seinem bzw. ihrem persönlichen Leben für das Lichte zu öffnen, Menschlichkeit, Mitgefühl, Liebe zu integrieren und zu praktizieren? Oder geht es ihm bzw. ihr vor allem um die Handhabung, die Manipulation von paranormalen Kräften?

Es mag zwar nach einer starken und damit unzulässigen Verallgemeinerung klingen, doch ist es eine geistige Tatsache, dass in manchen Ländern die spirituelle Entwicklung anders verläuft als in anderen Ländern. Daraus ergibt sich, dass Heiler und Heilerinnen in Ländern, deren „Volksseele" noch nicht weit entwickelt ist, die „Genehmigung" der geistigen Welt haben, sowohl lichte wie weniger lichte Kräfte anzuwenden, oder bei der Heilung lichte Kräfte anzuwenden, in der persönlichen Lebensführung jedoch noch mehr Spielraum für ihr Ego bekommen haben. Das gilt zum Beispiel für Russland, Polen und sogar für Indien, weil recht viele so genannte Heiler von dort, auch solche, die in den Westen kommen, noch mit magischen und hypnotischen Methoden arbeiten. Interessanterweise gilt das auch für Nordamerika, dort jedoch nicht etwa nur für manche schamanischen Wege, sondern auch für esoterische Pioniere oder solche, die sich dafür halten.

In Deutschland, Österreich und der Schweiz ist die spirituelle Entwicklung im Allgemeinen so weit fortgeschritten, dass hier keine anderen als nur die lichten Kräfte angewandt werden dürfen! Sonst wird die geistige Welt zunächst Mahnungen schicken und dann den lichtvollen

Kräftefluss anhalten (so dass diesen Menschen dann nur noch weniger lichtvolle Kräfte zur Verfügung stehen!).

In Ländern wie Israel zum Beispiel verlangt die geistige Welt eine Entscheidung, wie sich die spirituell aktiven Menschen weiterentwickeln wollen; in Schottland wird Klarheit verlangt.

In Ländern, in denen bestimmte Formen von Voodoo oder Macumba oder ähnliche, eindeutig schwarzmagische Rituale durchgeführt bzw. Methoden angewandt werden, die reinen Egozwecken dienen, steckt die spirituelle Entwicklung der kollektiven Seele offensichtlich noch in Kinderschuhen.

Jeder Heiler und jede Heilerin, gleich aus welchem Land man ursprünglich stammt, muss sich entsprechend dem Bewusstseinszustand der Volksseele entwickeln, wo er oder sie jetzt lebt und wirkt. Menschen aus den zuerst genannten Ländern, die bei uns heilend wirken wollen, werden von der geistigen Welt herausgefordert, sich rascher zu entwickeln, um ihren Aufgaben und Verpflichtungen im neuen Land ihrer Wahl zu entsprechen.

Abschied vom Geheimwissen

In der Neuen Zeit steht uns philosophisches Wissen, die Chance für eine höhere spirituelle Entwicklung und ein lichtvolles Bewusstsein offen. Es gibt kein „Geheimwissen" mehr wie im Alten Zeitalter; die so genannte Esoterik ist längst exoterisch geworden.

Früher – im antiken Ägypten der Adepten, im Griechenland der eleusinischen Mysterien, bei den Überlieferungen der Kelten, aber auch bei Geheimgesellschaften des europäischen Mittelalters (Rosenkreuzer, Freimaurer, Illuminaten) bis manchmal noch zu Meistern, die aus einem asiatischen Wissen schöpfen (muslimische Sufis, Hindu-Gurus, buddhistische Lehrer, Weiße Bruderschaft), und ihren westlichen Nachfolgern (Blavatsky, Arkanschule, Steiner und viele andere) sowie auch bis zu manchen afrikanischen, osteuropäischen und amerikanischen Schamanen, die in unsere Zeit hineinreichen – früher also wurden wesentliche Erkenntnisse geheim gehalten, nur mündlich überliefert, nur von Meister zu Schüler (seltener: an eine Schülerin), die sich lange Jahre hindurch bewährt und würdig gezeigt hatten. Diese Form der an sich zunächst ja verständlichen Geheimhaltung – um nicht durch quasi magische Kräfte, welche an die falschen Leute geraten, Schaden anzurichten – hat sich jedoch inzwischen überlebt. Warum?

Erstens, weil der spirituelle Schaden, den die vermeintliche Auserwähltheit im Gemüt der meisten Anhänger und Anhängerinnen bewirkt, sich oft mit einem spirituellen Hochmut gepaart hatte, der eine echte Mitmenschlichkeit außer Acht ließ. Zweitens, weil sich häufig eine spirituelle Hörigkeit gegenüber dem tatsächlich oder auch nur vermeintlich erleuchteten Meister entwickelte, die diese in vielen Fällen auch noch tatkräftig förderten oder zumindest nicht unterbanden. Spirituelle Hörigkeit führt, gleich ob sie in einer Kirche, einer psychologischen Schule, einem esoterischen Kreis oder sonst wo auftaucht, leider zu oft dazu, dass sich finanzielle und sexuelle Ausbeutung dazu gesellen. Schlimmer jedoch: Das Individuum vergisst, übersieht bzw. wird nicht dazu angeleitet, dass es selbst in der Lage ist, natürlich mit entsprechender Hilfe, seinen eigenen Kontakt zur Quelle des Lichtes zu entwickeln, dass es selbst eine direkte Verbindung zum Göttlichen besitzt.

Geheimwissen und die Macht, die daraus erwachsen ist, die zu häufig zu physischer und psychischer Unterdrückung geführt hat, ist ein typisches Merkmal der Alten Zeit, des „männlichen Zeitalters", einer Zeit also, in der Dogma und blinder Glaube, nicht die eigene Erfahrung, in der Macht, aber nicht die eigene Erkenntnis das Leben und Verhalten der Menschen überwiegend bestimmten.

Die meisten von uns sind noch im alten, männlichen Zeitalter geboren. Uns steht es jetzt jedoch frei, uns zu entscheiden, ob wir den Schritt in die Neue Zeit mit vollziehen wollen oder nicht. Wir erleben doch selbst, dass und wie Himmel und Erde sich näher kommen. Die Energieschwingungen werden immer feinstofflicher, sowohl die des Himmels, als auch jene der Erde und jene von uns Menschen. Heute kann sich ein Mensch so individuell wahrnehmen und selbstbestimmt entwickeln, wie es in den letzten Jahrtausenden nicht möglich war.

An dieser Stelle möchte ich einem Missverständnis vorbeugen: Es geht nicht darum, sich durch den Ich-Willen zu entwickeln, nicht darum, das Ego und seine Ansprüche zu befriedigen. „Selbstbestimmt" bedeutet immer, in Verbindung mit dem eigenen Selbst, das man auch gerne Höheres Selbst, Seele oder spirituellen Funken nennen kann. Wenn ich mich vom Alltagsbewusstsein her meinem Selbst zuwende, komme ich sozusagen automatisch in Verbindung mit subtileren, feinstofflicheren Ebenen, mit Lichtwesen, Engeln und geistigen Helfern. Ich richte mich ja dann auf die Quelle, auf das Göttliche aus, das weit über ein kleines (und dabei legitimes!) Ich hinausgeht.

Die Evolution des lichten Bewusstseins

Dass sich das evolutionäre Bewusstsein vielfach weiter entwickelt hat, dass sich auch im gesellschaftlichen Raum ein praktisch liebevolles Miteinander stärker verbreitet hat als früher, das können wir an einem guten Beispiel nachvollziehen. Vor gut einhundert Jahren galt in der Erziehung noch der Satz: „Das Kind ist eine Kreatur und muss gezüchtigt werden." Ordnung und eben vor allem auch „Zucht" standen im Vordergrund des Erziehungswesens (mit allen seinen Folgen dieser Vorbereitung auf quasi blinden Gehorsam und dann dessen Missbrauch in den großen Kriegen des letzten Jahrhunderts.)

Rudolf Steiner und die Anthroposophie haben mit den Steiner- und Waldorfschulen eine Alternative zu dem herkömmlichen Schul- und Erziehungssystem entwickelt. Hier kommt es nicht in erster Linie auf die Benotung von abfragbaren und messbaren schulischen Leistungen an, sondern auf echte Bildung von Körper, Geist und Seele, auch um Herzensbildung. Dabei spielen sowohl natürliche, menschliche Entwicklungsrhythmen als auch die Einbindung in höhere geistige und kosmische Bewusstseinskräfte eine wohltuende Rolle.

Ich persönlich bin der Ansicht, dass wir auch stärker beachten sollten, dass nicht nur Kinder etwas von uns lernen und wir die Aufgabe haben, sie zu bilden, sondern dass auch wir etwas von ihnen lernen sollen und können. Inzwischen sprechen viele Eltern das aus, was in manchen fortschrittlichen Büchern, seit Maria Montessori und anderen Pionierinnen und Pionieren, in ganz neuen Erziehungsweisheiten zum Ausdruck gebracht wird wie: „Wir wollen von Kindern lernen."

Die meisten Leser und Leserinnen werden vermutlich längst von Indigokindern und Kristallkindern gehört haben, von Kindern, die viel bewusster in dieses Leben kommen als Kinder am Ende des 19. Jahrhunderts, in der Zeit vor dem I. Weltkrieg und auch noch in den Jahrzehnten nach dem II. Weltkrieg.

Kristallkinder heute sind so etwas wie „inkarnierte Engel". Sie bringen geistige Offenheit mit und finden gar nichts dabei, sich auch auf feinstoffliche Bewusstseinsebenen und auf das göttliche Licht der Seele einzustellen und damit zu arbeiten.

In meinen Kursen beobachte ich, dass es jedem Menschen möglich ist, sich spirituell zu öffnen, dass jeder Mensch geistige Ebenen und höhere Betrachtungsweisen erlangen und verwirklichen kann. Dabei ist wesentlich, dass jeder Mensch auf seine ganz individuelle Art und Weise so genannte unsichtbare Wesen, Engel und Lichthelfer wahrnimmt. Es gibt keine einzige und allein gültige Methode, keinen exklusiven Weg, sich spirituell zu öffnen. Sehen oder Fühlen, Spüren oder Empfinden,

Inspiration, Intuition, Meditation oder Gebet, Naturerleben oder Herzenszuwendung zu anderen Menschen und Lebewesen, zu Gott oder den Engeln, zu Naturwesen oder Lichthelfern – all diese können Elemente sein, die beim Erwachen der menschlichen Seele eine Rolle spielen, die in unterschiedlicher Ausprägung, Abfolge und Geschwindigkeit auftreten bzw. entwickelt werden.

Diese spirituelle Evolution, die wir derzeit in vielen Menschen miterleben dürfen, findet satt, weil so viele Menschen an sich selbst gearbeitet haben, um Gedanken gut werden zu lassen, um das Gefühlsleben harmonischer zu gestalten, und auch, um ihre Körper durchlässiger, transparenter für das Licht zu machen. Vor allem: Mehr und mehr Menschen lassen Angst los und entscheiden sich für Liebe. Sorgen, Kummer, Befürchtungen und Ängste, so menschlich verständlich sie sind, wirken doch als dunkle Last und Bürde, welche das Licht der Seele, die Liebe des Menschen und seinen göttlichen Funken verdunkeln, verdecken oder fast ganz ersticken.

Das „Gegenmittel" für Angst ist nicht etwa „Mut" oder gar „blinder Mut", sondern Liebe, Verstehen, Vertrauen auf Gott. Wo das Bewusstsein für die Liebe zu sich, zum Leben, zu Mitmenschen und zur Schöpfung wächst, dort wird dem Menschen auch das Wesentliche der eigenen Inkarnation klar. Dort erkennt der Mensch den Plan für die Schöpfung, an dem mitzuarbeiten er gekommen ist; er erkennt die persönlichen Aufgaben, die er sich vorgenommen und mit Hilfe der Lichtwesen auch erfüllen kann und wird.

Drei Heilbeispiele aus meinen Kursen

Ein anschauliches Zeichen für die evolutionäre Entwicklung des spirituellen Bewusstseins aus meinem eigenen Umfeld ist die Tatsache, dass Kurse, in denen Menschen lernen können, eigene geistige Fähigkeiten zu entwickeln, etwa Heilgaben oder Hellsichtigkeit, ausgebucht sind. Nach meiner Beobachtung kommen die Menschen jedoch nicht, weil sie vor allem neugierig sind oder weil sie magische Kräfte erwerben wollen, sondern weil sie ein echtes Interesse an geistigen Zusammenhängen haben, weil sie sich selbst und ihre Lebensaufgaben tiefer verstehen und weil sie sich, ihrer Familie und anderen Menschen mehr helfen und heilen wollen. Dafür möchte ich drei konkrete Beispiel wenigstens kurz anführen.

In einem Heilerlehrgang nimmt eine achtzehnjährige junge Frau teil, die nicht wußte, dass sie besondere Gaben besaß, zumindest nicht in dieser Form. Mitten im Lehrgang fing sie an, Organe der Teilnehmer wahrzunehmen und Engel zu sehen. Heute arbeitet sie vor allem heilerisch mit Naturwesen – sehr weise, wissend und verantwortungsvoll.

Ein zehnjähriges Mädchen, ziemlich verstört, kommt mit ihrer Mutter. Die Mutter konnte mit Aussagen des Mädchens, dass sie nachts Verstorbene und andere Wesenheiten sieht, nichts anfangen.

Nachdem ich ihr und ihrer Mutter erklärt habe, welche Fähigkeiten sie besitzt, hat sie Vertrauen gefasst und ihre Mutter auch. Heute sieht sie die Engel und kann ein normales Leben führen. Verstorbene sieht sie weniger häufig, und sie kann sich besser von ihnen abgrenzen, sie kann sie weiter ins Licht auf ihrem Weg schicken.

Ein vierzehnjähriges Mädchen kommt mit Mutter und Schwestern in meinen Heilerlehrgang. Sie alle sind eine hellsichtige Familie, und das Mädchen leidet an ihrer Übersensibilität für die geistigen Welten. In der Schule verhielt sie sich nicht „wie ein Kind"; sie las lieber als „alberne Spiele" mitzumachen oder sich an Klatsch und Tratsch zu beteiligen. Sie war ernster als die anderen Kinder, weil sie eine alte, weise Seele ist. Sie litt aufgrund all dieser Umstände unter Mobbing und Ablehnung ihrer Mitschüler und Freunde.

Im Lehrgang begriff sie, was sie wirklich ist und womit sie den Menschen Angst macht oder Unbehagen bereitet. Sie fand Wege, ihren Frieden mit sich zu machen und ihre Individualität anzunehmen. Heute kann sie ausgeglichen leben, entsprechend ihres Alters, und muss dabei ihre besonderen Fähigkeiten nicht vernachlässigen, da sie gelernt hat, einfach die Engel auf eine gewisse Weise um Antworten zu bitten.

Vom männlichen zum weiblichen Zeitalter
Ich möchte noch einmal auf andere Weise auf das Thema eingehen, wie sich die Alte Zeit von der Neuen Zeit unterscheidet. Früher, im so genannten „Eisernen Zeitalter", konnte sich das Dunkle hinter einer Maske von

geheimem Wissen und wundersamer Heilkünste verstecken. Schon die alten indischen Weisheitslehren, die sich in den so genannten Veden finden, den „heiligen Schriften", berichten von vier Zeitzyklen, nämlich einem Goldenen, einem Silbernen, einem Bronzenen und einem Eisernen Zeitalter. Am Ende dieses Eisernen Zeitalters befinden wir uns, und damit sind wir diejenigen, die den Auftrag haben, den Übergang in ein neues Goldenes Zeitalter, eben in die Neue Zeit, zu gestalten.

Im Eisernen Zeitalter konnten Heiler Hände auflegen und Tinkturen verabreichen, geistige Lehrer konnten eindrucksvolle Bewusstseinserlebnisse erzeugen; als Menschen verhielten sie sich jedoch oft egoistisch, rachsüchtig, machtbesessen und missbrauchten ihre Kräfte für niedere Ziele. Es wurde in Rassen eingeteilt, die angeblich höher oder niedriger standen, in Religionsgemeinschaften und Kirchen, die angeblich besser oder schlechter waren.

In unserem „Goldenen Zeitalter" gibt es keine dieser Unterscheidungen und Abgrenzungen mehr. Die Vermischung von Rassen hat Rudolf Steiner übrigens schon vor circa 100 Jahren vorausgesagt. In der Neuen Zeit geht es nun nur noch darum, ob Menschen allgemein und ob wir ganz persönlich „gut" sind oder „böse", ob wir einfühlsam sind und uns mitfühlend verhalten, oder ob wir nur an uns und unsere Vorteile denken. Heute erkennen immer mehr Menschen, dass diese Unterscheidung nach gut oder nicht gut, nach hell oder dunkel das einzige Kriterium darstellt, um zu ermessen, auf welchem Weg wir sind und wie wir an hohe menschliche Ziele gelangen.

Mein hoch gestecktes Ziel für die Neue Zeit ist es, Menschen zu helfen, ihre Grundidentität zu finden – jenseits von mentalen, philosophischen oder religiösen Kategorien.

Früher hat man, um es anders auszudrücken, weiße und schwarze Magie parallel benutzen dürfen. Heute erlaubt die geistige Welt das nicht mehr, sondern jeder Mensch, jeder Heiler, Hellsichtige, Hellfühlige, Aurasichtige, telepathisch Begabte und so fort, muss sich für das eine oder das andere entscheiden. In einigen wenigen Generationen wird man Heiler und Hellsichtige, die beides benutzen – weiße und schwarze Magie –, kaum noch finden.

Für den normalen Menschen, der nichts mit feinstofflichen Ebenen, Kräften und Wesen zu tun hat, bedeutet das: Entscheidest du dich für die Liebe oder für die Angst?

Engel und die Neue Zeit: Thema Ebenbürtigkeit

Wir stehen auf der Brücke zwischen der alten und der neuen Zeit, wir sind am Übergang vom männlichen zum weiblichen Zeitalter. Ganz neue Kristallkräfte, die es bisher so noch nie gab, beobachten wir nicht nur bei den so genannten Kristallkindern, sondern auch bei Engeln, Licht- und Naturwesen!

Stand für die meisten von uns in der Engelarbeit bisher im Vordergrund, dass wir lernen, Kontakt mit unserem Schutzengel aufzunehmen, um uns begleitet zu fühlen, um unser Leben vertrauensvoller und behüteter führen zu können, kommen heute wesentliche neue Aspekte hinzu.

Jetzt und in den kommenden Jahren geht es um Wissen, das uns die Engel offenbaren möchten, um Aufklärung über uns, unsere Seele und unseren Weg. Es geht darum, Inspiration in der Gegenwart zu spüren, um das Kennenlernen der immer gegenwärtigen eigenen spirituellen Dimension jedes Menschen, ob er sie nun bewusst lebt oder noch nicht erkannt hat.

Zu den Merkmalen des weiblichen Zeitalters gehört auch, die eigene Individualität zu finden und zu verwirklichen. Nicht mehr die Einordnung in eine Masse, nicht mehr die Gleichmacherei gelten als hohe Werte, sondern die Fähigkeit, andere eben gerade nicht nachzumachen, sie nicht zu imitieren.

Dazu gehört auch die Fähigkeit, die wir alle noch viel stärker als bisher entwickeln müssen (wenn wir uns selbst gerecht werden wollen), dass wir uns im Hinblick auf andere Menschen weder höher stellen noch uns erniedrigen. Anders gesagt, geht es um das Thema Ebenbürtigkeit.

Ebenbürtigkeit ist ein grundlegendes Prinzip für den Umgang zwischen Menschen in einer Beziehung, in der Familie, am Arbeitsplatz, in der Gemeinde und im Land.

Ebenbürtigkeit zwischen Ländern, Völkern, Hautfarben und Religionen bzw. Konfessionen ist zentral für Frieden und spirituelle Entwicklung. Das Herz des Menschen für eine größere Liebesfähigkeit zu öffnen, ist eine wichtige Aufgabe der Engel für die meisten Menschen in dieser Neuen Zeit.

Es gibt noch eine andere Ebene, auf welcher Ebenbürtigkeit wesentlich ist. Wir sollen und dürfen mit Hilfe der Engel der Neuen Zeit erkennen, dass wir dem Licht und der Reinheit des Himmels ebenbürtig sind. Wenn du das erkennst, erspürst und täglich anzuwenden versuchst, die Verbindung mit dem Licht und der Reinheit des Himmels, dann wirst du wahrhaftig und selbst Teil der geistigen Welt! Man kann es nicht oft genug betonen: Der Umgang mit Engeln und ihrem Wissen muss heute immer Hand in Hand gehen mit der Integration von Herz, Liebe und Wahrhaftigkeit im eigenen Alltag – sonst bleibt die Engelwelt unlebendig und unwirklich.

Ich lade Sie ein, mit mir diesen Weg zu gehen. Für mich sind Engel und Lichtwesen die himmlischen Helfer, die mir Rückbesinnung auf die Wunder und Aufgaben der geistigen Welt, auf die Kräfte und Segnungen dieser spirituellen Lichtsphäre schenken. Und heute ist wirklich jeder Mensch eingeladen und auch in der Lage, der bereit ist, sich darum zu bemühen, seine ganz eigenen Schritte zu machen, um diese Himmelsverbindung im persönlichen Leben zu spüren und zu nutzen.

Auch ich konnte erst durch klares Wollen und durch konsequentes Streben nach Liebe und nach einem praktizierten liebevollem Verhalten im Alltag meine Hellsichtigkeit erweitern und meine Lebensaufgaben erkennen. Wie dieser Weg begann, möchte ich im nächsten Abschnitt versuchen zu schildern.

Zuvor noch eine kurze Bemerkung zum Zustandekommen dieses Buches. Da ich Engel und die geistige Welt sehe und wahrnehme und höre und mich bemühe, für die Führung aus diesen Ebenen offen zu sein, habe ich nicht nur Inspiration von den Engeln erfahren, sondern sie haben mich teilweise sehr klar und detailliert auf bestimmte Punkte für dieses Buch aufmerksam gemacht. Besondere Hilfe gaben mir dabei der Erzengel Gabriel, dessen Hauptaufgabe die Offenbarung auch neuer Kräfte für die Neue Zeit ist, sowie ein so genannter Kristallengel, dessen Aufgabe ist, Menschen zu unterstützen, die an der Gestaltung und Verwirklichung der neuen Zeit mitarbeiten.

2.

WIE ALLES ANFING

„Jana, du kannst im Wasser atmen."
Mit sechs Jahren etwa begann ich zum ersten Mal, bewusst die geistigen Sphären wahrzunehmen. Das war noch einige Monate, bevor ich zum ersten Mal in die Schule ging. Wir waren im See Irtisch in der Nähe der Großstadt Pawlodar in Kasachstan am Wasser. Ich konnte noch nicht schwimmen und stand nur mit den Füßen im Wasser am Ufer, als eine Welle kam und mich mitriss. Ich erinnere mich, dass ich Wasser schluckte, dann kam so etwas wie ein Stillstand, ein „Todesmoment", es war einfach „Nichts". Ich konnte nicht mehr atmen.

Da hörte ich eine liebliche Stimme, die sagte: „Jana, du kannst im Wasser atmen."

Mit meinen nur sechs Jahren habe ich auf diese Stimme vertraut und fing an zu atmen – es war nicht das Atmen der Lungen, nicht das Atmen des Körpers, den ich gar nicht mehr gespürt hatte, sondern so etwas, was ich heute als das „Atmen der Seele" umschreiben würde.

Ich machte die Augen auf und sah das Wasser als etwas sehr Lichtvolles an, sah viele bunte Fische um mich herum. Heute weiß ich, dass diese Augenblicke die Zeit des „Übergangs" waren – Kinder, die sterben, gehen beim Abschied von dieser und dem Eintritt in die nächste Welt oft zunächst durch wunderschöne Landschaften.

Ich hörte wieder die Stimme: „Jana, du sollst dich bewegen und an den Steinen hoch zum Strand krabbeln."

Dann dachte ich: „Das will ich nicht, es ist doch so schön warm und hell hier."

Nun hörte ich die Stimme wieder, aber sehr viel eindringlicher: „Aber es ist nicht Deine Zeit."

Dann schaute ich nach oben, sah eine lichtvolle, durchsichtige große Hand, die mich an den Haaren packte und nach oben zog. Als Nächstes spürte ich die Steine unter meinen Füßen und krabbelte weiter hoch zum Strand, machte die Augen auf und guckte, wer mich wohl herausgezogen hatte.

Ich sah in meiner Nähe keinen Menschen neben mir, meine Familie lag weiter hinten am Strand. Ich sah innerlich ein lächelndes Gesicht, das mir sagte: „Geh weiter, geh weiter."

Als ich zu meiner Familie stolperte und mich auf mein Handtuch setzte, fing ich an zu zittern, und mir wurde bewusst, was passiert war.

2. Wie alles anfing

Erste Astralreisen und Prüfungen
Kurz nach diesem Nahtoderlebnis, immer noch vor der Einschulung, begannen die ersten Astralreisen. Das war so: Eine „schwarze" Magierin, die mich kannte, nahm mich eines Nachts (geistig) an die Hand, um mich als ihre Begleitung auf eine Astralreise mitzunehmen. Sie musste gespürt haben, dass ich eine besondere Empfänglichkeit für geistige Kräfte und Wesen hatte und wollte wohl versuchen, mich für ihren Kreis zu gewinnen. Sie hatte, wie ich später erkannte, ein Interesse daran, lichte Wesens, die mit mir Verbindung aufgenommen hatten, für ihre Zwecke zu benutzen.

Ich fand mich in dieser nächtlichen Astralreise an einem ganz besonderen Kraftort wieder, in einem der dunkelsten Wälder Russlands, Permej. Es gibt in Russland regelrechte „schwarze Löcher". Ich saß mitten in der Nacht auf der Erde, mitten unter hohen, schwarzen Bäumen, ganz allein. Durch die Bäume oder hinter den Bäumen sah in eine Lichtung, wo die schwarzen Magierinnen, die „Hexen", ihre Rituale praktizierten. In diesem Augenblick spürte ich, dass ich bei diesen Leuten nicht sein wollte und rief innerlich nach Hilfe. Ich wusste nicht, was ich sonst hätte tun sollen.

Da kam eine Lichtgestalt, eine weiße Magierin (die sich später als meine Urgroßmutter herausstellte), und sie sagte mir, dass ich hier sitzen bleiben sollte. Sie zog einen Lichtkreis um mich und gab mir ein großes Buch über magisches Wissen und über das Wissen der geistigen Welten in die Hände und sagte: „Deine Aufgabe ist, an diesen drei Nächten die ganze Nacht hier zu sitzen, nur aufmerksam in dieses Buch hineinzuschauen und den Kopf niemals zu heben. Denn dunkle Wesenheiten werden versuchen, dich vom Buch abzulenken. Wenn du aber deinen Blick in dieses Buch gesenkt hältst und dich von lichten Welten lehren lässt, dann wird dir nichts passieren."

Aus der lichtvollen geistigen Welt wurde mir ein Buch über das Wissen der kosmischen Gesetze, zum Verständnis der lichtvollen Kräfte und zur Erkennung der schwarzen Magie gebracht, und mir wurde aufgetragen, das gesamte Wissen aus diesem Buch in mich aufzunehmen, nicht aufzuschauen und keinen Blickkontakt mit den Hexen aufzunehmen. Dadurch war ich geschützt, sie konnten den Lichtkreis nicht durchdringen.

Ich sollte offensichtlich schon damals in meinem Kern geprüft werden, zu welcher Seite ich gehöre bzw. für welche Seite ich mich entscheide. Ich sollte schon als Kind lernen, am Anfang meiner Bewusstseinsentwicklung in diesem Leben, verantwortungsvoll mit geistigem Wissen umzugehen und es auf lichtvolle Weise den Menschen zur Verfügung zu stellen.

Meine Urgroßmutter als Lehrerin und Geistführerin

Die spirituellen Gaben sind auf mich durch meine Familie gekommen. Meine Urgroßmutter mütterlicherseits, Paulina, war mit starken lichtvollen Kräften ausgestattet. Sie war eine schlanke große Frau mit dunklem Haar, während meine Familie mütterlicherseits sonst eher kleiner und rundlicher ist und blonde Haare hat. Paulina

2. Wie alles anfing

war eine der vielen Tausenden Wolgadeutschen, die unter Katharina nach Russland gerufen worden waren und nun, im Zweiten Weltkrieg, nach Kasachstan umsiedeln mussten. Auf der Fahrt in eiskalten Eisenbahnwaggons, ohne rechte Ernährung und Versorgung, starben etliche Kleinkinder aus ihrer Familie.

Paulina war eine sehr gläubige Katholikin. Sie betete viel für Verstorbene und heilte viele Menschen, vor allem Kinder. Meistens verwendete sie dazu katholische und eigene Gebete, legte Hände auf und benutzte wohl auch *Zagavors*, traditionelle russische Heilgebete*. Sie besaß ein hohes spirituelles Wissen, das allerdings in der Zeit damals, im Kommunismus, offiziell noch nicht einmal in der Familie besprochen werden durfte. Meine Mutter, die selbst über große Heilkräfte verfügt, wofür ich später noch ein eindrucksvolles Beispiel erzählen möchte, hielt und hält ihre Großmutter Paulina in hohen Ehren und spricht noch heute von ihr als einer echten Heiligen. Paulina versammelte trotz des Verbots der religiösen Betätigung bei sich im Haus Menschen zu Gebeten, religiösen Treffen und Heilritualen.

Bis zu ihrem Tode war Paulina meine spirituelle Lehrerin; vor allem Astralreisen lernte ich von ihr. Aber auch nach ihrem Weggang blieb sie meine spirituelle Lehrerin. Ich empfing Visionen von ihr und erhielt Durchsagen in Bezug auf wichtige Lebensentscheidungen.

---

* Siehe auch Alla Svirinskaya, „Deine geheime Kraft", Allegria Verlag

Auch meine Mutter ist, wie erwähnt, mit starken Heilkräften ausgestattet, die sie mit der folgenden Ausnahme früher allerdings selten nutzte, weil meine beiden Eltern als Kaufleute tätig waren. Bereits als Säugling kam ich drei oder vier Male dem Tode sehr nahe. Ich kam ins Krankenhaus mit einer Erkältung, wurde dort mit drei Kinderkrankheiten infiziert, und das führte zum Herzstillstand und zu dem, was man heute allgemein als „Nahtoderfahrung" bezeichnet.

Zwei Male wurde ich von Ärzten mit Herzmassagen reanimiert. Meine Mutter erinnert sich daran, dass zwei andere Male, als die Ärzte mich schon mehr als einmal ganz aufgegeben hatten, und nachdem sie ihr verwehrt hatten, ihre Heilkräfte rechtzeitig bei mir anzuwenden, solange sie sich als Ärzte noch medizinisch mühten, ich schon blau angelaufen war. Schließlich durfte sie endlich zu mir kommen, um, wie die Ärzte meinten, vom Leichnam Abschied zu nehmen. Sie nahm mich in ihre Arme, gab mich aber überhaupt nicht auf, sondern brachte mich mit Gebeten, mit der Kraft ihrer Liebe und durch die Wirksamkeit lichter Heilkräfte, die durch sie flossen, zum Atmen und in dieses Leben zurück.

Inzwischen habe ich erfahren dürfen, dass Paulina nicht nur meine Lehrerin, sondern auch meine Geistführerin war – und das übrigens nicht nur für mich, sondern auch für meine Mutter. „Geistführerin" ist mehr als eine „Lehrerin"; die Geistführerin oder der Geistführer vermittelt nicht vor allem konkretes geistiges Wissen wie Lehrer es tun, sondern sie lenken die Seele auf höhere geistige Ziele hin. Übrigens ist Paulina nicht mehr direkt meine Geistführerin, sondern sie ist inzwischen als ein neues hohes Geistwesen aus den „Himmelhierarchien" hier als Mensch wieder inkarniert.

Eine etwas andere Jugend

Nach diesen tief greifenden Erfahrungen, als Säugling eher unbewusst und dann als sechsjähriges Kind am See und durch die späteren Astralreisen bewusster, schaute ich immer öfter und länger in die jenseitigen Welten. Zunächst sah ich überwiegend unerlöste verstorbene Seelen, was mich teilweise natürlich auch ziemlich belastete. Meine Jugend war deshalb nicht von vielen lichtvollen Erfahrungen erfüllt, da ich damals auch noch nicht wusste, wie ich mit solchen Erscheinungen richtig umgehen konnte. Heute habe ich gelernt, wie man Seelen weiter ins Licht senden kann, wie man ihnen bei der Erlösung helfen kann.

Durch diese und eine Reihe anderer ungewöhnlicher geistiger Erfahrungen, über die ich hier jedoch nicht weiter berichten möchte, fiel es mir nicht leicht, wie ein „normales" Kind aufzuwachsen. Ich hatte mehr Interesse an Dingen, für die man sich üblicherweise erst später als älterer Mensch interessiert, an Philosophie, Fragen nach dem Sinn des Lebens, an Wissen über das Leben vor der Geburt und nach dem Tod, an Fragen nach höheren Sphären, Lichtwesen und Ewigkeit. Das machte mir die Jugendzeit alles andere als leicht, und das ist sicher auch ein Grund, warum heute so viele Kinder und sehr junge Leute zu mir kommen, die gleichartige spirituelle Fähigkeiten erleben und auch noch nicht wissen, wie sie damit umgehen können.

Als ich elf Jahre alt war, verstarb meine Urgroßmutter. Sie befand sich danach in der geistigen Welt bei den aufgestiegenen Meistern und blieb meine spirituelle Lehrerin. Als ich zwölf Jahre alt war, sind wir nach Deutschland umgezogen. Ich ging zur Realschule in der Nähe von Bonn, dann an eine Höhere Handelsschule. Darauf folgte eine Ausbildung zur Immobilienkauffrau.

Während dieser Zeit spürte ich aus tiefstem Herzen den Wunsch, nun auch meine Spiritualität wieder mehr zu leben. So absolvierte ich nebenher ein halbes Jahr lang eine Heilerausbildung bei einem russischen Heiler, der viel im deutschsprachigen Raum tätig ist. Ich lernte, Hände aufzulegen und übte, Energien wahrzunehmen und weiterzuleiten. Ich spürte, dass die in mir schlummernden Kräfte wieder aktiviert wurden.

Im Verlaufe dieser Zeit bemerkte ich aber ebenso wieder ganz deutlich, wie wesentlich es für alle Heiler und Heilerinnen ist, sich nicht dazu verführen (oder benutzen) zu lassen, sich neben hellen Heilkräften auch für dunkle Kräfte zu öffnen, weil diese scheinbar „schneller" oder „besser" wirken.

Ich schloß die Ausbildung zur Immobilienkauffrau zwar ab, empfand aber einen klaren Ruf, doch meinen geistigen Aufgaben als Heilerin und Lehrerin zu folgen. Ich spürte, dass ich als Geschäftsfrau ungeeignet gewesen wäre. So folgte ich dem Impuls, mit 23 Jahren an den

Bodensee zu ziehen und dort in einer Naturheilpraxis mitzuarbeiten und Menschen energetisch zu behandeln.

Arbeit für die Menschen: Aura und Organe sehen
Beim Heilpraktiker Werner Wider in Überlingen, den ich schon sieben Jahre vorher kannte und dessen Arbeit ich besonders schätzte, hatte ich mich eigentlich um eine Stelle als Sprechstundenhelferin bewerben wollen, um später eine Heilpraktikerausbildung zu absolvieren. Allerdings arbeitete ich nur kurz als seine Sprechstundenhilfe, denn Herr Wider erkannte, dass ich hellsichtige Fähigkeiten habe und mit anderen geistigen Sphären in Verbindung stehe. So bat er mich, erst bei einigen, dann bei immer mehr Patienten zusätzlich zu seinen Diagnose- und Therapieverfahren hineinzuspüren, welche tiefer liegenden seelischen Themen für ihre Beschwerden womöglich auch noch eine Rolle spielten und welche Hilfen durch Handauflegen und andere energetische Methoden möglich wären.

„Wenn du Energien wahrnehmen kannst, kannst du vielleicht auch nach Ursachen für Beschwerden suchen und Medikamente austesten", meinte er.

Ich probierte es einige Male aus, lernte, Energien und ihre Bezüge zu Organen, Ursachen von Störungen und auch feinstoffliche Wirkungen von Medikamenten zu unterscheiden, geleitet und wieder rücküberprüft von seinem medizinischen Fachwissen und seiner Erfahrung bei der so genannten Repertorisierung, also dem Zuordnen von Heilmitteln.

Beim Auflegen der Hände fing ich mehr und mehr an, die Organe und auch die Aura zu *sehen*. Ich konnte die Organe übrigens auch direkt *spüren*, möchte das jedoch gar nicht, um nicht unabsichtlich oder unbewusst energetisch belastet zu werden.

Wenn ich sage, dass ich die Aura „sehe", meine ich genau das: Ich sehe mit meinen geistigen Augen ein durchsichtiges Energiefeld um den Menschen, und in diesem Energiefeld sind Farben, Bewegungen und Symbole.

Die Organe sehe ich direkt dort im Körper, wo sie sich auch tatsächlich befinden, auch dann, wenn der Mensch (was der Normalfall ist), seine Kleidung anbehält. Ich sehe zum Beispiel am Herzen die Gefäße und möglichen Ablagerungen, ich sehe unmittelbar, wie das Organ arbeitet, sehe aber auch Blockaden, die sich in dunkleren Farben zeigen, wenn ein Energiemangel besteht, dann sehe ich, dass das Herz an Struktur verloren zu haben scheint und so fort.

Die Ergebnisse waren teilweise überwältigend und tief berührend. Ein Beispiel. Eine Frau mittleren Alters kam in die Naturheilpraxis mit Trigeminusneuralgie, unter der sie schon über zehn Jahre lang dauerhaft litt. Deshalb war sie auch berufsunfähig geworden. Der Frau waren sämtliche Zähne des Oberkiefers gezogen worden. Bei der Entfernung war offensichtlich leider ein kleines Amalgamteilchen in den Kieferknochen geraten, das den Nervenreiz auslöste.

2. Wie alles anfing

Der Heilpraktiker hatte die Idee, Zähne und Kiefer zu überprüfen; der Frau war nämlich das gesamte Amalgam entfernt worden, bevor ihre Schmerzen zum ersten Mal auftraten.

Ich sah an einer Stelle am Oberkiefer ein dunkles Fleckchen, das ich als einen Rest von Amalgam „testen" konnte. „Testen" heißt in diesem Falle, dass ich ein Glasröhrchen in die Hand nehme, in dem ein bestimmter Stoff ist – in diesem Fall eben Amalgam – und den Körper des Patienten mit dem Glasröhrchen berühre. Mit dem inneren Auge nehme ich nun wahr, wie der Körper darauf reagiert; saugt er den Stoff sozusagen auf, stößt er ihn widerwillig ab oder reizt der Stoff ihn auf irgendeine Weise? Der Körper der Frau „saugte" das Amalgam auf – so sah ich es innerlich –, und zwar zum Oberkiefer hin. Das sagte für mich aus, dass der Körper diesen Stoff dort bereits „kannte".

Ihr Zahnarzt weigerte sich (eigentlich verständlicherweise!), an der entsprechenden Stelle aufzuschneiden, da das Röntgenbild keinen deutlichen Hinweis auf ein Vorhandensein von Amalgam im Oberkiefer gab. Schließlich fand sich ein Kieferchirurg, der bereit war, auf Verantwortung der Patientin dort zu öffnen; er stieß auf einen Amalgamrest, der offensichtlich bei der Entfernung des Amalgams als kleiner Splitter so eingedrungen war und sich dauerhaft so abgelagert hatte, dass ein bestimmter Druck auf den Nerv entstand. Diesen Amalgamrest entfernte er.

Seither ist die Frau wieder gesund. Für mich war dies eine klare Bestätigung, dass meine Tätigkeit einen Sinn hatte und ich von manchen Menschen gebraucht wurde.

Ein zweites Beispiel. Eine ältere Dame um die siebzig Jahre kam in die Praxis. Sie beklagte sich darüber, dass sie seit dem Tod ihres Partners vor Erschöpfung es kaum schaffen würde, aus dem Bett herauszukommen und das nicht verstehen konnte. Denn eigentlich war sie ja froh darüber, dass sie nach der langen und intensiven Pflege ihres kranken Partners und dessen Übergang in die geistige Welt, den sie als eine Erlösung für ihn betrachtete, nun endlich Zeit für sich haben würde. Körperliche Ursachen für diese Erschöpfungszustände konnte der Heilpraktiker nicht feststellen, und so bat er mich, diese Frau anzuschauen.

Ich sah die Seele des verstorbenen Partners vor ihr stehen und bemerkte, wie diese Seele sich mit dem Solarplexusbereich der Frau verbunden hatte und sie dort energetisch immer mehr aussaugte, damit sie ihm um so schneller in die geistige Welt folgen würde. Er sah nicht ein, warum er plötzlich ohne sie sein sollte. Um diese gegenseitige Abhängigkeit zu lösen, schlug ich der Frau bestimmte Übungen vor. Dazu gehörten Schutzengelgebete (siehe auch Seite 143), um ihre innere Haltung zum Partner so zu verändern, dass sie der Aufgabe ihrer und seiner Seele besser gerecht werden könnte.

Zugleich nahm ich Verbindung mit seiner Seele und seinem Schutzengel auf, um seine Zuversicht zu stärken, dass sein jetziger Weg auch ohne diese Frau möglich und

2. Wie alles anfing

notwendig war, und er sich für seine neue Seelenaufgabe würden entscheiden können.

Wir haben drei Male zusammen am Thema gearbeitet; es handelte sich um eine eher hartnäckige Bindung. Nach etwa drei Wochen hat sich ihre Erschöpfung völlig gelegt, nachdem sowohl ihr Partner seinen weiteren Weg ins Licht als auch sie ihre neue Unabhängigkeit finden konnten.

Diese Gabe, Aura und Organe zu sehen, hat sich natürlich erst im Verlaufe der Zeit entwickelt; dazu gehört jedoch, dass man auch gezielt dafür arbeiten kann, solche Fähigkeiten bei sich selbst zu verfeinern. (Übungen dafür finden Sie im III. Teil.)

Grundlage für solche Fähigkeiten ist, und daran möchte ich in diesem Buch immer wieder einmal erinnern, dass ein Mensch die grundsätzliche Entscheidung für eine liebevolle Begegnung mit anderen Menschen und Wesen und für eine menschliche und durchlichtete Form der Anwendung von Wissen und Kräften getroffen hat.

Seitdem ich eher unbewusst und um so ehrlicher, reiner und konsequenter die geistige Entscheidung getroffen habe, Menschen mein Herz zu öffnen, Menschen zu vertrauen, auch dem Leben an sich zu vertrauen, haben sich die lichten geistvollen Welten für mich geöffnet, und sie tun es immer weiter. Ich sah nun nicht mehr vor allem Verstorbene und belastete oder bedrückte Geistwesen, sondern die lichtvollen Welten, lichte Helfer und sinnvolle Aufgaben, wie ich meine Fähigkeiten einsetzen konnte und kann.

Wissen und Weisheit aus der geistigen Welt

Nach meiner Bereitschaft, mich ganz mit der lichtvollen geistigen Welt zu verbinden, mein Herz den Mitmenschen zu öffnen und nach mehreren spirituellen Rückzügen auf die Rigi am Vierwaldstätter See bei Luzern (ein „weiblicher" Berg in der Schweiz, deshalb *die Rigi*!), verstärkte sich der Zugang zu den lichtvollen Welten in rasender Geschwindigkeit.

Mehrere Male kam ich auf die Rigi zum Fasten, zum Meditieren ... Es handelte sich meistens um eine Woche. Damals konnte man dort kleine Häuser mieten, um sich einzuquartieren. Bei meinem ersten Besuch auf der Rigi wurde ich von einem lieben Freund dort einmal gefragt: „Woher weißt du so viel von den Menschen? Du bist doch keine Psychologin oder Therapeutin. Und du bist doch auch noch so jung!"

Ich habe diese Frage damals als merkwürdig empfunden, denn ich hielt dieses Wissen oder diese Einblicke in die menschliche Natur für selbstverständlich.

Er jedoch hielt das, trotz einer guten eigenen Ausbildung, einer langen therapeutischen Berufserfahrung und auch einer entsprechenden Lebenserfahrung (er war fast dreißig Jahre älter als ich), nicht für selbstverständlich.

Er fragte erneut: „Woher weißt du das alles?"

Diese Frage war für mich der Auslöser, dass ich mich bewusst darum kümmerte, die Quelle meines Wissens zu entdecken. Ich sagte zu ihm:

„Frage mich mal etwas."

Er stellte mir eine persönlich-psychologische Frage. Ich spürte in mir, im inneren Herzzentrum, die Antwort, und ich sah, dass von meinem Herzensraum ein Lichtstrom zu ihm floß. Dann bemerkte ich aber, dass dieser Lichtstrom auch von ihm zu mir floss. Ich sah auch, wer bei ihm hinter dem Lichtstrom stand – eine lichtvolle Schutzengelgestalt. Ich fühlte in diesen Lichtstrom hinein und fasste mein Gefühl davon in meine Worte.

Ab und zu werde ich gefragt, wie sich Engel denn „unterscheiden". Ein Schutzengel, wie ich ihn damals sah, habe ich daran „erkannt", dass er eine lichtvolle Gestalt fast in der Größe eines Menschen besitzt, der eine schlichte und ruhige Haltung an sich hat, dessen Hände entweder gefaltet sind wie zum Gebet oder geöffnet und so, als ob der seinen Schützling mit den Händen umhüllt.

Jeder Engel hat eine oder einige Grundfarben, welche die geistigen Grundziele des Schützlings symbolisieren. Ein Beispiel: Wenn der Mensch das Entwicklungsziel hat, vollständige innere Ruhe zu finden und zu leben, dann strahlt der Schutzengel überwiegend himmelblaues Licht aus. Es gibt mehrere Grundfarben des Schutzengels, wenn die Seele mehrere wesentliche Entwicklungsziele hat. Der Schutzengel wechselt auch die Farbe, die er ausstrahlt, je nachdem, was der Mensch gerade braucht.

Es gibt jedoch auch mehrere Schutzengel für einen Menschen, wenn diese Seele mehr Unterstützung braucht; das ist jedoch keine Bewertung! Der Schutzengel ist übrigens immer in der Aura des Menschen. Im 2. Teil gehe ich näher auf die verschiedenen Engel und ihre Aufgaben ein.

Seit diesem Erlebnis, dass ich den Schutzengel hinter diesem Freund sah, wusste ich, dass es Engel und Lichtgestalten sind, die mir Botschaften für die Menschen durchgeben, und zwar (zumindest bisher) immer die lichten Helfer jener Menschen, die eine Frage oder ein Problem haben; es sind also nicht meine eigenen Helfer, die mir diese Botschaften übermitteln.

Mit diesem Erlebnis auf der Rigi, das von der Reinheit und Klarheit der Bergluft dort, von der Schönheit der Natur ringsherum und der besonderen Schwingung dieser Landschaft am großen See, die vor allem Ruhe atmete, durchdrungen und getragen war, begann meine bewusste Engelarbeit. Ich fing mit „Engelgesprächen" an, mit persönlichen „Sitzungen" für ratsuchende Menschen, die mit ihren Fragen und Problemen zu mir kamen und denen ich die Antwort ihrer Engelwesen übermitteln konnte.

Beim zweiten Besuch auf der Rigi verbrachte ich ebenfalls viel Zeit in der Natur und fand immer mehr zu einer inneren Ruhe. Ich merkte plötzlich, dass die Natur sich nicht nur sichtbar bewegt – dass sich also nicht nur Gräser, Zweige und Blätter im Winde bewegen oder dass Bienen, andere Insekten und Vögel herumfliegen oder dass Tiere hierhin und dorthin laufen, verharren und weiterlaufen –, sondern dass die Natur auch von Naturwesen beseelt wird, die sich ebenfalls bewegen.

Es mag für manche merkwürdig klingen, dass ich diese Erfahrungen erst jetzt machte und nicht schon als Kind.

2. Wie alles anfing

Aber ich bin in der Großstadt Zlinograd geboren (die heute Astana heißt und die Hauptstadt von Kasachstan ist) und in der Großstadt Pawlodar zur Schule gegangen. Meine Eltern arbeiteten als Kaufleute, ich hatte vorher praktisch nie unberührte Natur erfahren. Und auch als Kind hatte ich keinerlei Märchen gehört, in denen Naturgeister ja durchaus vorkommen.

Auf der Rigi sah ich, wie aus dem Wald ein lichtvolles Geistwesen in weiblicher Gestalt herauskam, durchsichtig weiß, vielleicht einen und einen halben Meter groß, das sehr achtsam und konzentriert war. Diese Gestalt hielt behutsam eine Laterne in der Hand, in der ein Licht leuchtete. Ich sah, wie sie vorbeischwebte und traute mich nicht, sie anzusprechen. Am nächsten Tag sah ich sie wieder an der gleichen Stelle und fasste den Mut, mit ihr zu reden. Sie sagte mir, dass sie eine „Waldwächterin" ist und dass ihre Aufgabe darin besteht, das ewige Wissen des Waldes in ihrer Laterne zu hüten. Ich fragte sie dann, warum ich sie sehen durfte. Sie antwortete: „Du bist eine von uns" (damit meinte sie eines der „lichten Wesen") und es gehört zu deinen Aufgaben."

Ich war sehr erstaunt und konnte das nicht wirklich nachvollziehen. Daraufhin rief sie ein kleineres Wurzelwesen herbei, grau, dünn, etwa einen halben Meter groß, und trug ihm auf, mich bei der Hand zu nehmen und an eine bestimmte Stelle im Wald zu führen. Dieses Wurzelwesen nahm mich an der Hand mit und zog mich hinter sich her, vielleicht ein paar Hundert Meter. An einem Ort am Hang, wo man vom Wald den Himmel sehen konnte, sollte ich mich hinsetzen. Das Wurzelwesen setzte sich neben mich nieder und sagte: „Dies ist ein ganz besonderer Ort der Kraft. Jetzt schau einfach."

Vor meinen (äußeren) Augen ging der Himmel auf, und ich sah eine Reihe von „Lichtbüchern" vor mir stehen. Neben mir stand die Waldwächterin, die plötzlich auch aufgetaucht war, und sagte zu mir: „Du kannst alles Wissen in dieser Bibliothek nachschauen. Hier ist das gesamte Wissen des Himmels und der Erde niedergelegt." Ich wollte und konnte das nicht glauben oder mir zutrauen, aber sie versicherte mir: „Doch, das kannst du, jederzeit, weil du eine von uns bist."

Wenn ich mich den Herausforderungen meiner geistigen Arbeit einmal nicht gewachsen fühle (und das kommt natürlich immer wieder vor), erinnere ich mich an ihre Worte und lasse mich von ihnen bestärken und leiten.

Seit diesen Besuchen auf der Rigi kann ich Engel und Naturwesen wie selbstverständlich wahrnehmen und mich in ihren Welten bewusst bewegen. Ebenso kann ich mich seither gezielt von der geistigen Welt belehren lassen und in die geistigen Dimensionen schauen. Und diese Entwicklung hält weiter an; Lernen ist ja nie zu Ende.

Seit dem Herbst 2005, nach der Geburt meiner Tochter Alina, führe ich eine Heilerschule, halte Vorträge, Seminare und Engelworkshops sowie Heilerausbildungen, und leite zu Meditationen an. Aus dieser Arbeit und aus meiner inneren Quelle ist dieses Buch erwachsen; vor allem der II. und der III. Teil gehen darauf zurück. Im nächsten Teil II geht es um die „Heilkraft der Engel", um das Heilwerden mit der Kraft der Engel und um die Hilfen, die uns Lichtwesen geben können. Im Hauptteil III möchte ich dir dann Vorschläge machen, wie du deine eigenen Gaben und Kräfte entdecken, entwickeln und sinnvoll anwenden kannst.

TEIL 2
DIE HEILKRAFT DER ENGEL

3.

WAS IST HEILEN MIT DEN ENGELN?

In diesem ersten Buch soll es um ganz praktische Hilfen für Menschen mit Alltagsproblemen gehen und darum, was der oder die Einzelne praktisch tun kann, um bewusster zu werden, um mehr und höhere lichte Bewusstseinskräfte zu erfahren und zur Heilung durch sich wirken zu lassen. Deshalb gehe ich hier auf mehrere „Arten" von Engeln ein, die dabei eine besondere Rolle spielen, nämlich auf Schutzengel, Heilkraftengel, Erzengel und Familienengel und einige weitere.

Da ich aus meinen Kursen jedoch weiß, dass sich viele Menschen für die „Engelordnung" interessieren, möchte ich darauf auch an dieser Stelle wenigstens kurz eingehen.*

---

* Bewusst verzichte ich in diesem Buch auf fachliche Engelbezeichnungen wie Angeloi, Archangeloi, Dynamis, Kyriotetes, Exusiai, und so fort, sondern verwende in der Regel umgangssprachliche Namen.

Ein Überblick zu den Engelgruppen

Die erste Engelgruppe: Es gibt nach meiner Erfahrung eine rein göttliche Ebene und drei Hautgruppen von Engeln (die
man, wenn man mag, auch „Hierarchien" nennen kann), mit jeweils drei Untergruppen. Diese drei Hauptgruppen mit ihren Untergruppen unterscheiden sich nach ihren Aufgaben; sie sind nicht „besser" oder „schlechter".

Die erste und höchste Engelgruppe hat die Aufgaben, das Wissen der Schöpfung zu bewahren, indem sie das Unreine und Schwere verbrennen (Seraphim), indem sie die Weisheit der Schöpfung erhalten (Cherubim) und indem sie das Gleichgewicht der Kräfte, auch in Geburt und Tod, aufrecht erhalten (Throne). Sie halten sich nur in den „Himmeln" auf. Das sind rein geistige Dimensionen, nicht etwa physikalische Räume. Man könnte sagen, dass sie das unmittelbare Umfeld der Schöpferkraft bilden, deren Schöpfungsweisheit sie einerseits erhalten, andererseits eben dadurch verherrlichen. Zu dieser Gruppe zählen auch Engel, die noch darauf warten, eine bestimmte Aufgabe zugewiesen zu bekommen. Diese erste Engelgruppe hat keinen direkten Bezug zur Erde und zu einzelnen Menschen. (Die Erzengel nehmen eine Sonderstellung ein, auf die ich weiter unten eingehe.)

Cherubime zum Beispiel zeigen sich mir immer in einer Reihe, als eine Gruppe, fast wie Lichtsäulen, die leicht versetzt hintereinander stehen. Das Licht ruht in sich, es strahlt nicht direkt aus. Das Licht ist leicht violett. Die vier Gesichter der Cherubime sind erst auf den zweiten Blick zu erkennen; vorn ist ein in sich ruhendes menschliches Gesicht zu sehen, hinten ein Adlergesicht, rechts das eines Löwen, links das eines Stiers. Die Gesichter sind jeweils nicht eindeutig, sondern in allen vieren sind die Energien der drei anderen enthalten. Ihre Gesichter wirken deshalb wie verschwommen. Sie besitzen einen Grundton, der wie ein leichtes Bienensummen oder ein leises Om-Chanten klingt. Ihre Augen sind geschlossen, als ob sie schliefen, bis du sie ansprichst. Sie sind auf ihre Aufgabe konzentriert; wenn du sie ansprichst, so verständigen sie sich mit dir in deiner Sprache, voller Verständnis für dich und in großer Ruhe.

Die zweite Engelgruppe: Die zweite und mittlere Engelgruppe sorgt dafür, dass das göttliche Wissen so „aufbereitet" wird, dass es Menschen mit ihren Auffassungs- und Verständnismöglichkeiten überhaupt zugänglich wird. Diese Engel besingen die göttliche Schöpfung, und sie bringen göttliche und irdische Kräfte zueinander in Bewegung. Sie inspirieren die Erde, zum Beispiel über Kunst und Kreativität. Diese Engel haben auch die Aufgabe, die Harmonie in der gesamten Schöpfung zu bewahren, indem sie das Leid aufnehmen, das von der Erde „aufsteigt", und es über lange Zeit hindurch mit göttlicher Kraft erfüllen und umwandeln. Gerade solche zu neuem Licht und Sinn umgewandelten Leiderfahrungen stärken die weiblichen Kräfte auf der Erde und spiegeln sich in der pädagogischen Arbeit für die Neue Zeit. Sie sind in einer Bewusstseinsdimension des Lichtes und der Freude, in der eine Vorbereitung für Aufgaben auf der Erde stattfinden.

Die Lobpreisengel zum Beispiel sind hohe, in sich gekehrte Engelgestalten, deren „Gewand" einen zarten Orangeton besitzt. Sie stehen ebenfalls in Reihen hintereinander. Während sie die Schöpfung besingen, wiegen sie sich wie in einem Tanz, bei dem sich die Reihen aufeinander zu bewegen und miteinander schwingen. Ihre Gesichter sind voller Anmut. Man kann sie ansprechen, aber sie werden dich zwar freundlich ansehen, jedoch nicht mit dir sprechen, sondern weitersingen, da diese Lobpreisengel keine Aufgabe für einen individuellen Menschen haben.

Die dritte Engelgruppe: Zur dritten Gruppe zählen die Engel, welche den Menschen am nächsten stehen, zum Beispiel Schutzengel, Heilkraftengel und Familienengel. Die Aufgabe der Engel dieser dritten Gruppe ist, den Menschen aktiv bei seiner Seelenentwicklung und seiner persönlichen Entfaltung sowie bei der Erfüllung seiner Aufgaben zu unterstützen.

Zu dieser dritten Gruppe gehören auch hohe Engelwesen, welche die Energie der ersten und zweiten Gruppe aufnehmen und auf der Erde in einer Form ausstrahlen und verteilen, obwohl sie in der Regel keinen direkten Kontakt zu einzelnen Menschen pflegen.

Die so genannten Kristallengel, die ich schon erwähnt habe, gehören auch zu dieser dritten Gruppe, denn sie haben die Aufgabe, in unserer Zeit jetzt die Evolution voranzutreiben, auch im Kontakt zu einzelnen Menschen.

Schutzengel allgemein habe ich im Zusammenhang mit meinem Erlebnis auf der Rigi beschrieben. Sein Gesicht hat eine ganz eigene Ausdruckskraft. Er ist dir gegenüber immer offen und klar, seine Ausstrahlung ist besonders groß und eindrucksvoll.

Ein Kristallengel steht nicht an der Seite des Menschen, sondern befindet sich in einigen Metern Entfernung und schwebt zugleich etwas höher über dem Boden. Er ist wesentlich größer als ein Mensch; seine Gestalt hat die Farbe von Kristallweiß mit einem leichten blauen Schimmer. Das Gesicht des Kristallengels ist neutral im Ausdruck und zugleich sehr erhaben, voll göttlicher Ausstrahlung. Seine hellblauen Flügel sind meist weit ausgebreitet, um mit der Ausstrahlung des Göttlichen alles grenzenlos zu umhüllen. Wenn du einen Kristallengel ansprichst, so antwortet er dir auf eine ganz besondere Weise. Er führt dich nur auf die Zukunft hin, auf Entwicklungsmöglichkeiten, auf künftige Aufgaben, allerdings nicht im Hinblick auf persönliche Wünsche und Bedürfnisse, sondern im Bezug zu größeren allgemeinmenschlichen Zusammenhängen.

Erzengel: Die Erzengel sind eine Ausnahme insofern, als sie auf jeder Ebene der drei zuvor erwähnten Gruppen Aufgaben übernehmen können. Sie helfen dem Menschen auch direkt (man denke auch den Erzengel Raphael im Buch Tobit im Alten

Testament oder an den Erzengel Gabriel in der Verkündigung für Maria und auch an Mohammed).

Erzengel sind am vielseitigsten nach ihren Aufgaben und in ihrer „Vieldimensionalität". Generell gibt es zwar unzählbar viele Engel, weil es unzählige Aufgaben in der Schöpfung, an der Erde und für die Menschen gibt. Ich kenne persönlich aber sieben Haupt-Erzengel (von den Erzengeln und der Engelordnung allgemein handelt mein nächstes Buch). Auf die besonderen Heilkräfte der Erzengel gehe ich im Abschnitt weiter unten detaillierter ein. Aber ich möchte an dieser Stelle schon etwas zu Gabriel sagen, der dieses Buch begleitet.

Der Erzengel Gabriel ist einer der Engel, der allen Menschen sehr nahe steht, bei manchen sogar in deren Aura. An dieser Stelle möchte ich kurz darauf hinweisen, dass persönliche Schutzengel nur bei einem Menschen sind; Familienengel oder auch Volksengel bei einer Familie bzw. bei einem Volk. Alle Engel jedoch, die Aufgaben für alle Menschen und die gesamte Erde und die ganze Schöpfung haben, sind nicht räumlich begrenzt oder beschränkt. Da sie Energiewesen sind, können sie an vielen „Orten" gleichzeitig sein.

Gabriel ist ein Erzengel, der den Menschen auf etwas Neues aufmerksam macht. Er war der Bote, der die Ankunft Jesu verkündete, aber auch der, welcher Mohammed den Koran diktierte. Gabriel inspiriert den Menschen, die Wahrheit zu finden. Deshalb steht er heute sogar manchen spirituell inspirierten Menschen zeitweise als so genannter Führungsengel zur Verfügung.

Engelgestalten können sich jedoch im Verlaufe der Jahrhunderte durchaus ändern, da sie ja göttliche Energie sind, nicht feste Körperformen. Engel zeigen sich dir auf die Weise, die du am besten erfassen kannst. Ein anderer Mensch sieht denselben Engel womöglich in einer anderen Gestalt. Deshalb sollte man die Gestalt, die Symbole, die Farben von Engeln nicht als dogmatisch feststehend betrachten!

Hellsichtige bzw. medial begabte Menschen müssen deshalb immer wieder ganz wach sein und genau beobachten, ob sich Gabriel bei ihnen zum Beispiel auf diese Weise zeigt, bei einem anderen Menschen jedoch ganz anders. Ein Mensch empfindet einen Engel als weiblich, der andere vielleicht als männlich. Dahinter könnte stehen, dass der erste mehr seine Weiblichkeit entwickeln sollte, der zweite eher seine männliche Seite. Wer Engel selbst sieht, wird wohl auf verkitschte Engeldarstellungen verzichten wollen. (Übrigens: Bilder für Buchdeckel werden vom Verlag ausgewählt.)

Nun wollen wir uns aber den Heilkräften der Engel zuwenden.

Ordnung schaffen, damit Engelheilkräfte wirklich wirken können

In diesem wichtigen Teil des Buches geht es um ganzheitliche Heilung. Damit ist sowohl die Heilung von körperlichen Beschwerden und Krankheiten gemeint, als auch die Harmonisierung emotionaler Ungleichgewichte und die Lösung von bedrückenden Gefühlen, sowie ebenfalls die Heilung seelischer Ängste und die Erfüllung spiritueller Aufgaben.

Die Heilkräfte der Engel sind auf allen diesen Ebenen sehr wirksam, aber erst unter der Voraussetzung, dass du zunächst bei dir Ordnung schaffst und dir bewusst wirst über die in dir bereits vorhandenen Kräfte von Körper, Seele und Geist. Entscheidend ist deine innere Grundhaltung, die geerdet sein sollte, voller Ruhe und in Harmonie. Dazu ist wichtig, dass du einen bewussten Umgang mit deinem Körper, deinen Gefühlen und deinen Gedanken pflegst. Das wird dir helfen zu erkennen, ob du selbst oder von Gefühls- und Gedankenmustern gelebt wirst.

Engelkräfte wirken also erst dann, wenn du deinen Teil dazu getan hast, innere und äußere Ordnung zu schaffen und dein Leben in höchstmöglicher Ruhe und Klarheit zu führen. Praktische Übungen findest du im Teil III.

Heilkräfte der Engel

Die Heilkräfte der Engel sind Schwingungen von Klarheit und Ordnung, von Harmonie und Durchlichtung. Diese Schwingungen kommen aus den geistigen Ebenen und dem „Geistkörper" auf die Seelenebene und den „Seelenkörper", von wo aus sie auf die stoffliche Ebene und den „Erdenkörper" wirken können. Die Heilkräfte der Engel bringen Impulse von göttlicher Wahrheit und menschlicher Wahrhaftigkeit, von mentaler und emotionaler Klarheit und Reinheit, von „Heilheit" und der „Heiligung" des ganzen Menschen nach dem Entwurf der Schöpfung – eben der Heilung. Sie geben den Impuls, dass sich der einzelne Mensch an seinen Ursprung erinnert, an seine göttliche Quelle, seinen Seelenauftrag und sein geistiges Ziel. Diese Erinnerung bringt den Menschen zurück in eine ursprüngliche Ordnung, in der sich alle Heilkräfte – geistige, seelische und körperliche – voll entfalten können.

Die Heilkunst der Engel besteht also nicht in erster Linie darin, dass sie uns etwas geben, sondern darin, dass sie Schwingungen aus höheren Ebenen übermitteln, die für uns dann heilsam wirken, wenn wir tatsächlich bereit sind, uns auf die göttliche Schwingung einzulassen. Anders gesagt geht es nicht um so genannte Wunderheilung, bei der wir nichts tun müssten, als eine Kerze zu entzünden, an einen bestimmten Ort zu pilgern, uns Hände auflegen zu lassen oder dergleichen mehr. Vielmehr kommt es darauf an, dass wir uns für die eigene Engelnatur öffnen.

Engelbotschaften zu Heilverfahren

Heutzutage gibt es viele unterschiedliche Wege und Methoden und ganze Heere von Heilern und Heilerinnen. Auf die Dauer wird dir jedoch weniger eine bestimmte, von außen kommende Heilform oder ein äußerer Therapeut helfen. Sondern du wirst mehr selbst prüfen und entscheiden müssen, wer du bist, wie sich deine Individualität ausprägt und wie, darauf aufbauend, die oder eine andere Heilform deine eigenen inneren Heilkräfte am besten stärkt und unterstützt.

Die Engel können Therapeuten und Forschern bei der Suche und Entwicklung neuer Behandlungsmethoden und neuer Medikamente aktiv unterstützen. Engel helfen, damit Menschen irdische Möglichkeiten entdecken bzw. finden, sich selbst zu helfen. Die Entscheidung aber, mit welcher Kraft, mit welcher Methode, mit welchem Medikament Menschen als Therapeuten behandeln bzw. sich als Patienten behandeln lassen, ist und bleibt beim Menschen. Es ist nicht die Aufgabe der Engel, den freien und bewussten Willen des Menschen durch ihre höhere Sichtweise zu ersetzen. Sie werden einem Patienten also auch keinen speziellen Therapeuten oder ein besonderes Medikament empfehlen, sondern dich auf das Erfühlen deiner eigenen Heilkraft hinweisen.

Es mag seltene Ausnahmen geben; ich habe das bisher ein einziges Mal erlebt. Eine hochschwangere Frau kam in die Praxis und berichtete, dass ihr Arzt ihr einen Kaiserschnitt empfohlen hatte, der jedoch nicht unmittelbar bevorstand. Ich sah, dass ihre „Entbindungsengel" (weibliche Engel, die bei der Geburt beistehen und dem Kind die neue Richtung wiesen) nicht etwa nach unten in Richtung der natürlichen Geburt wiesen, sondern horizontal am Bauch entlang strichen. Sie bedeuteten mir, dass in diesem Fall der Kaiserschnitt die richtige (weil einzig mögliche) Form der Geburt darstellte.

(Wenn ich in der Naturheilpraxis Mittel und Methoden „austeste", so erfolgt das aufgrund meiner Hellsichtigkeit, nicht aufgrund von Botschaften von Engeln.)

Nun nenne ich die besonderen „Einsatzgebiete" und die besonderen „Fähigkeiten" unserer persönlichen Engel, die jeweils auf eine ganz spezielle Art Heilung fördern können. Wie du diese Engel wahrnimmst und wie du mit ihnen arbeitest, beschreibe ich im Teil III.

Schutzengel
Die Aufgabe deines Schutzengels ist ja, dich in deiner gegenwärtigen Situation in deinem persönlichen Wachstum und deiner Entwicklung zu unterstützen. So besitzt er eine entscheidende Heilkraft, die auf der mentalen, emotionalen und seelischen Ebene wirkt, nämlich die Klarheit über dich und deinen Weg. Dein Schutzengel hilft dir zu heilen, indem er dich Täuschungen, Selbsttäuschungen und Verhaftungen erkennen lässt und indem er dir hilft, die Einsicht und Kraft aufzubringen, dich davon zu lösen.

Deshalb ist es gut und wichtig, täglich den eigenen Schutzengel zu befragen, was die richtige Haltung für den Tag ist, was es heute zu beachten gilt, welche alten Muster abgelegt werden sollen bzw. können.

Du findest einen weiteren Hinweis auf die Aufgaben deines Schutzengels in der Nacht, während du schläfst, im 9. Kapitel in der Übung zum Nachtbewusstsein.

Der persönliche Schutzengel hat übrigens nach meiner Erfahrung keine besondere Aufgabe für körperliche Beschwerden und Krankheiten; dafür sind die Erzengel und die Heilkraftengel „zuständig".

Heilkraftengel

Es existiert eine Dimension der Heilkraft, einen „Himmel der Heilung". Wenn du als Therapeut oder als Patient die lichtvolle geistige Welt um Heilung und Heilkraft bittest, verbindest du dich damit mit einem bestimmten „Heilkraft-Himmel", in dem es besondere Heilkraftengel gibt. Diese Heilkraftengel sind dann bei Therapie, Meditation, Übung oder bei einer anderen Form der Heilung anwesend.

Heilkraftengel sind etwas kleiner als der Mensch; sie schweben immer über ihm. Sie zeigen sich in erster Linie in einem hell-violetten Gewand, in einem hell-violetten Licht, damit du während der Behandlung oder Meditation an den Himmel „angebunden" bist. Im Inneren des Gewandes befindet sich zartes grünes Licht, das den Kern von Heilkraft zum Ausdruck bringt. Diese Engel schweben ständig, sie sind ganz gesammelt und konzentriert auf das, was du wirklich bereit bist abzugeben, und auf das, was du wirklich bereit bist, von ihnen als Heilkraft anzunehmen. Sie helfen auch bei körperlichen Problemen.

Heilkraftengel arbeiten nicht mit dem, was du denkst, sondern mit dem, was wirklich in dir lebendig ist. Ein Beispiel: Dein Kopf denkt vielleicht: „Bitte nehmt mir meine Beschwerde fort; ich bin bereit dazu." In dir lebt aber vielleicht die Wahrheit: „Ich brauche diese Blockade noch eine Weile und bin jetzt nur bereit, einen kleinen

Schritt zu gehen, bzw. nur etwas davon loszulassen." Dann werden die Heilkraftengel nur einen kleinen Teil deiner Schmerzen oder deines Leidens abtragen und auflösen, und sie werden auch nur einen schwächeren Impuls zur Neuausrichtung und Heilung geben können.

Der Heilkraftengel trägt in seinem Gewand drei Kugeln, eine schwarze, eine gelbe und eine grüne. In die schwarze Kugel absorbiert er den Teil deiner Beschwerden, den du wirklich bereit bist abzugeben. Mit der gelben Kugel neutralisiert er den durch diese Abgabe gewonnen Freiraum in dir und aktiviert dich dort zu neuer Offenheit. Anschließend strahlt er von der grünen Kugel grünes Licht in dich hinein, die grüne Heilenergie des Himmels.

Es kann nicht nur ein Heilkraftengel, sondern auch mehrere an dir und für dich arbeiten. Sie zeigen sich überwiegend in männlicher Gestalt. Übrigens: Wer in den deutschsprachigen Ländern sich als Heiler oder Heilerin bzw. als Klient oder Klientin nicht für die höheren geistigen Ebenen öffnen möchte, und wer als Therapeut oder als Therapeutin nicht bereit war, seine bzw. ihre Egoansprüche aufzugeben, wird zu diesen Heilkraftengeln aus diesem lichten „Himmel der Heilung" keine Verbindung aufnehmen können. Dann muss man sich mit anderen, auch magischen Heilkräften begnügen.

Erzengel
Jeder Erzengel steht für einen bestimmten Chakraraum, für bestimmte Organe und auch für

Wochentage. Daraus ergeben sich auch ihre speziellen unterschiedlichen Heilkräfte.

An den Wochentagen wirken die Heilkräfte der jeweiligen Erzengel besonders stark. Das ist keine „Laune" des Kosmos, sondern weil sich der Mensch nach dem natürlichen Rhythmus an diesen Tagen jeweils auf einen Themenkreis besonders konzentrieren muss und der damit für die entsprechenden Kräfte aus dem Kosmos offener als an den anderen Tagen ist.

Auch über bestimmte Chakras wirken die jeweiligen Heilkräfte der Erzengel mehr als über die anderen. Da wir über die Chakras mit allen Ebenen der Schöpfung und der Himmel verbunden sind, und die Erzengel als einzige Engel ebenfalls auf allen Ebenen wirken, sind sie gewissermaßen die Hüter und Führer und Kraftgeber der entsprechenden Energiezentren im Menschen. Da die Organe jeweils in direkter Verbindung zu bestimmten Chakras als „Leitzentren" stehen, wirken die entsprechenden Erzengel auch für bestimmte Organe und das Körpersystem auf jeweils eigene Art.

Die Kräfte der Erzengel stehen jedem Menschen immer zur Verfügung. Voraussetzung dafür ist, dass du dich aus einer inneren Wahrhaftigkeit mit ihnen verbindest. Du kannst gezielter mit den Heilkräften der Erzengel arbeiten, wenn du dir die folgenden Punkte jeweils in Erinnerung rufst. Ich nenne hier nicht alle, sondern nur die wichtigsten Punkte.

Michael

Sonntag
Wurzelchakra
Blut

Michaels Aufgabe ist, dem Menschen dabei zu helfen, die Angst zu überwinden bzw. loszulassen, um sich für die immerwährende Verbundenheit mit Gott bewusst zu öffnen. Der Mensch hat dabei die Aufgabe, die Vergangenheit durch ein zur Ruhe kommen und durch die Entwicklung der Furchtlosigkeit loszulassen. Deshalb sollte der Mensch an Sonntagen besonders großen Wert auf Ruhe und Muße legen, um so die Voraussetzung zu schaffen, dass er diese Erkenntnisse gewinnt.

Ruhe und Muße wirken auch auf das Wurzelchakra, von wo aus der Lebensmut gestärkt wird. Auf diese Weise wird das lebensnotwendige Blut mit neuen energiereichen „himmlischen" Kräften gestärkt. Damit wird der Mensch noch mehr zu einer Ganzheit, weil in seinem irdischen Blut dann auch höhere Energien mitschwingen.

Früher wurde der Erzengel Michael vielfach mit einem Lichtschwert als Symbol des Christuskreuzes oder mit einer Lanze als Symbol der Herrschaft Christi dargestellt, mit einem eher kämpferisch anmutendem Gesicht. Der besiegte Drache, der sich auf solchen Darstellungen meistens findet, symbolisiert den Sieg der spirituellen Erkenntnis über die Angst. Dieser Erzengel schien den Menschen recht nahe zu sein.

Ich erlebe Michael heute aber so, dass er sich nicht (mehr) in der Nähe des Menschen aufhält, sondern weit entfernt in hohen Himmeln, in einem roten vulkanähnlichen Gewand, mit einem gütigen, weißen und ernsten Gesicht. Die unterschiedliche Ausdrucksform führe ich auf die inzwischen erfolgte Entwicklung der Menschheit zurück, für die nicht mehr der kriegerische Kampf im Hier und Jetzt, sondern vielmehr die Inspiration zur Tatkraft und zum Lebensmut durch die Verbindung zu einer himmlischen Kraftquelle wesentlich ist.

Gabriel

Montag
Herzchakra
Stoffwechsel, Verdauungsorgane

Montag ist der Tag, welcher symbolisch für Tatkraft steht. Gabriels Aufgabe ist, das Neue zu fördern und die Tatkraft für die vor einem liegenden Aufgaben zu stärken. Nur über das Herz wächst der Mut für die Gestaltung des Lebens, nur über das Herz wird Lebensmut immer wieder aufgebaut. Insofern hat Gabriel auch mit dem Herzchakra zu tun. Es ist wichtig, das Leben „zu verdauen", um sich wirklich auf etwas Neues einlassen zu können. Stoffwechsel und Verdauungsorgane, dazu zählen auch Schleimhäute, Lymphe und so fort, gehören zu diesem Erzengel.

Gabriel zeigt sich in einem lichtvollen weißen Gewand, mit einer lichten grenzenlosen Ausstrahlung dicht neben dem Menschen, wobei er mit der gesamten Schöpfung verbunden bleibt. Sein Gesicht ist offen, freundlich, voller Hingabe und Zuversicht, dass du deine Wahrheit findest. Er teilt dir mit, welche Schritte du tun solltest, um dich für das Neue zu öffnen, das vor dir liegt. Es fällt mir auf, dass ich bei Gabriel langes, weißes Haar herunterwallen sehe. Früher wurde Gabriel mit einer Lilie in der Hand dargestellt, oft mit weiblichen Zügen. So konnten Menschen früher die Symbole und Aussagen besser verstehen.

Im Teil III wirst du eine Übung zu Klärung und Erneuerung von Erzengel Gabriel kennenlernen.

Samael

Dienstag
Sakralchakra
Hormonsystem

Samael trägt Hoffnung in schwierige Lebensabschnitte. Deshalb solltest du dich bewusst darauf konzentrieren, den einmal eingeschlagenen Weg beizubehalten, auch wenn inzwischen Schwierigkeiten aufgetaucht sind. Samael hat so auch mit Ausdauer zu tun, woraus sich sein Bezug zum Sakralchakra ergibt. Für die Erzengel, die keinen direkten Bezug zur Sexualität haben (die selbstverständlich für uns eine sehr starke Kraft auf der Ebene von Körper und Gemüt ist), spielt bei der sexuellen Begegnung die Zeugung eines Körpers für ein neues Leben eine Rolle oder die Erzeugung von Freude als einer frischen Kraft, welche die Partner umhüllt und sie darin stärkt, ihren Lebensaufgaben voller Zuversicht zu begegnen und „durchzuhalten". Insofern hat das Sakralchakra auch mit „Ausdauer" zu tun – Ausdauer in der Aufrechterhaltung der Menschheit, Ausdauer in der Zuwendung zum Leben und zu einem anderen Menschen. Früher haben spirituell ausgerichtete Menschen oft den Schluss gezogen, dass Sexualität sie nicht spirituell weiter voranbringe, und sie haben sich deshalb vom Leben zurückgezogen oder sogar abgekapselt. Heute besteht die geistige Welt darauf, dass wir in unserer Spiritualität „alltagstauglich" sind, einschließlich Familie, Beziehungen, Kindern. Samael, der die Hoffnung symbolisiert, auch in schwierigen Situationen einen Ausweg zu finden, wirkt auf das Hormonsystem, indem er die Kräfte und Säfte hier im Fluß behält und ihnen die Kraft gibt, im psychosomatischen System Ausdauer und neuen Schwung zu finden.

Samael befindet sich in der Nähe des Menschen; einige Meter neben dir schwebt er, etwas höher als du selbst. Er ist etwa so groß wie ein Mensch; er erscheint in einem dunkelvioletten Licht; er zeigt einen sehr gesammelten Gesichtsausdruck und scheint immer geradeaus zu schauen.

3. Was ist heilen mit den Engeln?

Raphael

Mittwoch
Scheitelchakra
Atmungsorgane

Dieser Erzengel steht für die Heilkunst des Himmels, vor allem dann, wenn sonst keine Hoffnung mehr zu bestehen scheint. Er ist auch für die Wahrnehmung aus einem Bewusstsein für die Gegenwart zuständig, also dafür, sich nicht von Vergangenheit oder Zukunft in der klaren Sicht beeinträchtigen zu lassen. Während Michael vor allem mit Vergangenheitsbewältigung zu tun hat und Gabriel mit der Ausrichtung auf die Zukunft, lenkt Raphael unseren Blick auf das Hier und Jetzt. Am Mittwoch lädt Raphael dich dazu ein, deine Kräfte neu zu sammeln und zu ordnen, damit du nicht unnötig Energie vergeudest und den Weg der Woche gefestigt zu Ende gehen kannst. Raphael ist mit dem Scheitelchakra verbunden, weil man sich erst bewusst für das Göttliche öffnen muss, bevor man reine und hohe Heilkräfte in sich aufnehmen kann. Dieser Erzengel steht für die Atmungsorgane, weil man durch eine lebensbejahende innere und äußere Haltung sich ganz dem Jetzt zuwendet, dem Leben in der Gegenwart, und jetzt neue, reine Kräfte in das gesamte Körpersystem (Lungen, Sauerstoff für Blut und Zellen, und so fort) aufnimmt.

Früher wurde Raphael meist als Pilger mit Stab, manchmal auch mit Fisch bzw. Wasserflasche in der Hand dargestellt, häufig mit einem grünen langen Rock. Heutzutage nehme ich ihn mit einem hell-violetten Gewand wahr, weil Heilung für uns in der Regel nicht mehr bedeutet, sich einfach passiv hinzulegen und grüne Heilkraft von einem Heiler aufzunehmen. In unserer Zeit sollen und können wir uns selbst nämlich mit violettem Licht, der Heilkraft der höheren Ordnung, verbinden und davon erfüllen lassen, um unsere Selbstheilungskräfte zu aktivieren. Raphael steht in einer betenden Haltung, als ob er das Licht Gottes wie eine Kerze in der Hand hält, um uns daran zu erinnern, wohin unser Ziel führt. Er ist voller Ruhe und lächelt.

Zahariel

Donnerstag
Solarplexus-Chakra
Bewegungsapparat

Zahariel begleitet dich auf deiner Lebensreise; er hat ein „abenteuerliches Naturell". Der Donnerstag ist sozusagen sein Tag, weil er dich zwar einerseits gern zu einem neuen Abenteuer ermuntert, andererseits dir aber dabei helfen möchte, das, was du angefangen hast, erst zu Ende zu bringen, in diesem Fall die Woche und ihre Ziele und Aufgaben. Zahariel hat mit dem Solarplexus-Chakra zu tun, weil hier der Energieort ist, um persönliche Wünsche und Ziele so zu nutzen, dass sich daraus auch eine überpersönliche Erweiterung deines Horizonts ergibt. Als dein Begleiter auf der Reise durch dieses Leben unterstützt er besonders Muskulatur und Knochen, also den Bewegungsapparat.

Bei all deinen Plänen steht Zahariel nah bei dir an deiner Seite, in einer hellblauen Gestalt. Er ist etwa so groß wie du selbst; er strahlt etwas aus, worin du ihn als deinen Freund erkennst.

Anael

Freitag
Drittes Auge-Chakra
Gehirn, Nervensystem

Anael ist der einzige Erzengel, der sich schon in früheren Jahrhunderten in weiblicher Gestalt gezeigt hat. Auch ich erlebe Anael immer weiblich. Anael steht für die Qualität der Anmut und für die Erinnerung und den Ruf an uns Menschen: „Erkenne deine Schönheit!" Der Freitag als Anaels Tag ist deshalb besonders gut dafür geeignet, dass du dich um dich selbst mehr kümmerst, dass du dich auch innerlich pflegst, dass du deine eigene Anmut und Schönheit bewusster wahrnimmst und so mehr in deine Mitte findest. Anael steht für das Dritte Auge, weil dieser Engel das Erblicken und Erkennen der Schönheit des Lebens in allen Dimensionen und Formen fördert. Organisch hat Anael mit Gehirn und Nerven zu tun und die damit in Verbindung stehende Eigenschaft der Läuterung und Klärung.

Anael zeigt sich, wie schon gesagt, in weiblicher Gestalt und in einem rosafarbenen Licht; dieser Engel wendet dir sein Gesicht zu, streckt dir seine Arme entgegen, lächelt dich an und ist vollständig bereit, ganz und gar an dich zu glauben.

Uriel

Samstag
Halschakra
Lichtfluss im Körper

Uriel bringt Ordnung und Harmonie in die Gedanken. Deshalb ist er mit dem Halschakra verbunden. Uriel stärkt die Ordnung auch in der Form, wie wir Gedanken äußern, wie wir sprechen und schreiben, in welcher Ausdrucksform wir uns mitteilen. Am Samstag ist eine gute Gelegenheit, die Woche Revue passieren zu lassen und sich neu zu ordnen, äußerlich und innerlich. Uriel steht für den Lichtfluss im menschlichen Organismus und fördert Ordnung und Harmonie dort.

In alten Zeit stellte man ihn ernst und eher in dunklen Farben dar; er stand vor den Pforten des Paradieses und wachte darüber, wer hinein durfte. Manchmal zeigte man ihn sogar als „Sensenmann" oder als Totenwächter und damit als Symbol der Prüfungen und des Stillstandes. Ich sehe Uriel heute anders. Er befindet sich sehr weit von uns Menschen in hohen Himmelreichen; er zeigt sich, als ob er hinter einer weißen Wolke wäre. Sein Gewand ist grenzenlos weit und besitzt eine silbrig-weiße Energie. Er ist der Hüter vor dem Himmelsparadies, einem Ort der Gottesnähe und „Erholung" für hohe Wesen, die derzeit keine spezielle Aufgabe zu erfüllen haben, der nur Engel sowie auch Seelen Verstorbener dort hineinläßt, welche dieselbe Energie der friedvollen Ruhe bereits in sich tragen. Mit seinem silbrig-weißen

Gesicht schaut er dich mit ernst prüfendem Blick an, ob du wirklich in diese geistige Ebene hineinmöchtest. Uriel wirkt immer dort mit, wo Menschen Segnungen vornehmen, bei der Taufe und anderen Ritualen, aber auch bei allen Formen der persönlichen Segnung, die ein Mensch für einen anderen Menschen oder andere Lebewesen vornimmt.

Familienengel
Jede Familie hat einen besonderen Familienengel. Jedes Paar mit Kindern, auch wenn es nicht verheiratet ist, hat einen Familienengel. Ebenso Menschen, die ihre Kinder alleine aufziehen. Der Familienengel stellt sich also ein, sobald es Kinder gibt. Er wird von höheren Himmelskräften gesandt bzw. von der Mutter „angezogen". Es muss nicht nur einen Familienengel geben, sondern bei so genannten Patchwork-Familien kann es auch zwei geben, bis diese eines Tages in ihrer Harmonie vielleicht zu einem „zusammenwachsen".

Die Hauptaufgabe des Familienengels ist die Förderung von Harmonie unter den betreffenden Menschen. Seine Heilaufgabe besteht darin, dass durch diese Harmonie der Menschen untereinander eine der wichtigsten Voraussetzungen für Gesundheit geschaffen wird. Für spezielle körperliche Beschwerden ist er indes nicht zuständig.

Der Familienengel ist deutlich größer als ein Mensch oder der Schutzengel; vielleicht drei Mal so groß wie ein durchschnittlicher Mensch. Entsprechend riesig ist sein Gewand; seine Flügel sind wie horizontal über allen Familienmitgliedern ausgebreitet und umhüllen sie. Jeder Familienengel hat eine oder einige Grundfarben; er nimmt jedoch die Farbe an, die gerade für die Harmonie in seiner Familie in einer bestimmten Entwicklungsphase am besten ist. Ein rosafarbenes Gewand trägt er zum Beispiel dann, wenn die Familie sich besonders darum bemühen soll, ihre Herzen für gegenseitige Liebe zu öffnen. Der Familienengel ist sehr mitfühlend, bei Disharmonie oder Streit sogar fast mitleidend. Sein Gesichtsausdruck ist immer ein Spiegel des emotionalen Zustands der Familie, um die er sich kümmert. Je mehr Kinder in die Familie kommen, desto mehr Energie und Ausstrahlungskraft gewinnt der Familienengel, weil seine Freude an der Familie und vor allem an den Kindern noch mehr wächst, und er für die Hülle der Harmonie auch mehr Energie braucht.

Wenn ein Kind in der Familie stirbt, kümmert sich der Familienengel darum, die Seele aus der irdischen Familie in ihre Himmelsfamilie zu führen. Wenn die Mutter stirbt, behält der Familienengel weiterhin seine Aufgaben und ein zusätzlicher Engel in weiblicher Gestalt kommt aus den Himmelreichen hinzu, um zu helfen, die Umhüllung der Familie mit Harmonie (sonst auch die Funktion der Mutter) aufrechtzuerhalten. Dieser weibliche zusätzliche Engel ist ein kleinerer Engel mit weißer und zart hellblauer Farbe und einem besonders gütigen und tröstenden Gesichtsausdruck.

Kristallengel

Der Kristallengel hat keine Heilaufgabe für einzelne Menschen und spezifische Leiden oder Krankheiten, sondern sorgt sich um die Heilung der Menschheit an sich. Dazu gibt er einzelnen Menschen Impulse der geistigen Öffnung für die Zukunft und den Beitrag des Einzelnen für die spirituelle Evolution der gesamten Menschheit. Um das zu erreichen, bringen die Kristallengel Menschen zusammen, die zum Beispiel gemeinsame Projekte unternehmen, welche der Entwicklung der Erde dienen.

In gesellschaftlichen, ökologischen und spirituellen Projekten, die der Menschheit dienen, führen die Kristallengel gerne Seelen zusammen. Übrigens auch bei Seminaren und Buchprojekten. Dort, wo es eine Chance gibt, neue lichtvolle Impulse auf die Erde zu bringen und hier zu verwirklichen, tauchen „neue" Kristallengel auf, um dabei zu helfen. Ich habe das selbst auch erlebt, wie bei einigen „Fügungen" in meinem Leben nicht der mir vertraute Erzengel Gabriel oder mein Schutzengel „tätig" wurde, sondern ein neuer, mir bis dahin unbekannter Kristallengel auftauchte, der mich auf neue Möglichkeiten hinwies.

In der näheren Zukunft werden sich die Kräfte dieser neuen Kristallengel immer deutlicher manifestieren, vor allem im Bereich von Kindererziehung, Pädagogik, Schule und Unterricht. Wir alle können ihr Wirken zumindest an den Verhaltensweisen und Reaktionen unserer Kinder ablesen, wenn wir auch (noch) nicht alle sie sehen oder mit ihnen sprechen können.

Weitere Helferengel

Der Himmel arbeitet mit uns, mit dir, auf immer wieder überraschende und sehr vielfältige Weise. Man kann die „Engelgruppen" nicht dogmatisch definieren; es gibt immer wieder neue Lichtwesen, die bereit sind, dir zu helfen, wenn deine Absicht, deine Motivation rein ist. Ich nenne sie „weitere Helferengel" (und weiß dabei natürlich, dass alle Engel helfen).

Diese Helferengel kommen von sich aus, von ganz allein, wenn du Hilfe und Stärke brauchst. Zum Beispiel vor und bei Prüfungen, Vorträgen, schwierige Begegnungen, Gesprächen oder Verhandlungen, aber auch bei kreativen Vorhaben. Diese Helferengel greifen nun nicht etwa ein, indem sie dein Gegenüber veranlassen, dir eine Gehaltserhöhung anzubieten oder dir bessere Noten zu geben. Sondern sie stärken dich innerlich – emotional, mental, seelisch, geistig. Sie helfen dir, ruhiger und gelassener zu sein, vertrauensvoller, innerlich aufrechter.

Die Helferengel kommen, um dir ganz „akut" in einer Situation zu helfen, du brauchst sie nicht gezielt herbeizurufen oder herbeizubitten. Sie gehen wieder, wenn die Situation vorbei ist.

Es sind Lichtwesen, die ungefähr einehalb Meter groß sind, gelblich leuchtend, sehr hell; sie tragen einen hochkonzentrierten Gesichtsausdruck sowohl dir gegenüber als auch im Hinblick auf die Aufgabe, vor bzw. in der du stehst.

Obwohl diese Helferengel, wie erwähnt, von sich aus zu dir kommen, ist es natürlich noch schöner, wenn du sie auch bewusst wahrnimmst. Auch wenn dich der Himmel so liebt, wie du bist, bedeutet das nicht, dass du nichts tun solltest.

Für deine bewusste Wahrnehmung dieser Engel ist es ein entscheidender erster Schritt, dass du überhaupt von ihrer Existenz weißt. Als Nächstes könntest du von deinem Denken eine Brücke in dein Gefühl entstehen lassen, indem du sie bewusst willkommen heißt. Dann schließlich kannst du dir selbst und ihnen zu verstehen geben, dass du sie einlädst, durch dich sowie in den Umständen der jeweiligen Situation segensreich zu wirken.

Um die innerlich stärkende Wirkung der Helferengel in dir weiter zu vertiefen, ist es sinnvoll, vor dem Gespräch, der Prüfung oder dem anderen Anlass ausdrücklich mental etwas zu sagen wie: „Liebe helfende Engel, geht vor mir und helft mir, wirkt in mir, wirkt in der Situation. Ich bin für eure lichtvolle Kraft offen."

4.

HEILEN MIT ANDEREN GEISTWESEN

Naturwesen
Naturwesen haben Heilaufgaben für den Menschen; für die körperliche Gesundheit und Heilung sind sie sogar stärker zuständig als die Engel. Ähnlich wie bei den Engeln gibt es auch bei Naturwesen und Elementargeistern eine ganze Fülle von unterschiedlichen lichtvollen geistigen Wesen. Ich möchte einige wichtige Gruppen kurz nennen, ohne jetzt im Einzelnen weiter darauf einzugehen oder alle zu erwähnen, die es gibt.

Waldwächter hohe Naturwesen; sie ähneln in ihrer Gestalt den Engeln und den Menschen. Sie haben die Aufgabe, für den betreffenden Wald zu sorgen und mehr Waldwächter auszubilden (weil die Erde immer mehr lichtvolle Geistwesen braucht). Waldwächter haben große Kraft, die Gesundheit des Menschen zu unterstützen. Sie haben etwa menschliche Größe, eine grau-braune Gestalt, ihr

Gesichtsausdruck ist offen und mitfühlend mit Mensch und Natur. Sie freuen sich, wenn der Mensch mit ihnen Kontakt aufnimmt; sie genießen es, Heilkraft weiterzugeben und Liebe zurück zu empfangen.

Steinwesen Energiewesen, die im Stein wohnen; sie werden manchmal auch Steinmeister genannt. Ihr Zuhause wirkt wie ein Labyrinth, dessen Farbe sich je nach Umstand ändert. Steinwesen haben nicht die Aufgabe, Heilkraft an Menschen weiterzuleiten, sondern Impulse und Wissen zu übermitteln. Es gibt kleine Steinwesen, die so klein wie ein Stein sind; sie können sich aber auch ausdehnen bis auf etwa menschliche Größe, wenn sie dir damit etwas sagen wollen.

Wurzelwesen Diese von Gestalt her kleinen Erdwesen sind große Heiler. Wenn du dich unter einen Baum legst und diese Wurzelwesen in deine Meditation einlädst, dann springen sie auf dich. Auf deine Bitte gehen sie gezielt an die einzelnen Organe, die Schwachstellen sind, reinigen diese und machen dir Vorschläge, wie du körperlich gesünder leben kannst.

Baumgeister Hohe lichtvolle Wesen, die so groß sind wie der betreffende Baum. Sie sind nicht so sehr für die Heilung des Menschen zuständig, sondern mehr dafür, ihm Botschaften aus der geistigen Welt zu geben. Von einem Nadelbaum kannst du nur eine globale Botschaft erwarten, die sich an die ganze Menschheit richtet. Von einem Laubbaum bekommst du hingegen auch ganz persönliche Botschaften. Diese Botschaft trägt Heilkraft in sich.

Unken (Teichwesen; es sind nicht die gleichnamigen Kröten gemeint!): Sie haben keine Heilaufgaben für den Menschen, sondern vermitteln individuelle Botschaften, in denen sie dir deine Schwächen aufzeigen, aber auf eine Art, dass du darüber herzhaft lachen kannst. Diese Art von Umgang mit sich selbst ist jedoch dann auch wieder sehr heilsam.

Flusswesen Sie tragen Klänge und Töne in sich sowie kreative Kräfte. Dadurch inspirieren sie zur Entwicklung von Feinfühligkeit und Mitgefühl. Wenn du bereit bist, dich in eine solche Haltung einzulassen, wirst du friedvoller in dir und somit auch „heiler".

Salamander (Feuerwesen sind hier gemeint, nicht die schwarz-gelben kleinen Reptilien!): Salamander erlebst du zum Beispiel in einem Lagerfeuer oder wenn man mindestens fünf Kerzen nebeneinander brennen lässt. Sie sehen aus wie Leuchtfackeln; sie bewegen sich schlängelnd wie Salamander; sie haben ein Gesicht wie ein Spukgeist. Diese Feuerwesen haben keine persönliche Beziehung zu einem Menschen, sondern widmen sich nur ihrer Aufgabe, alles zu verbrennen, das nicht mehr brauchbar ist. Deshalb ist es sinnvoll, wenn man Schmerzen hat oder auch Wut, Kerzen anzuzünden oder sogar ein Feuer zu machen, und die Salamander-Wesen zu bitten, alles Unnötige und Belastende zu verbrennen.

Elfen Fröhliche Luftwesen, die sich über einer Blüte befinden, allerdings nur dann und solange sich diese Blume mit ihren Wurzeln in der Erde befindet, nicht über Schnittblumen! Elfen besingen die Welt und motivieren dich, aus deiner Trauer herauszukommen und dich für das Leben wieder zu öffnen – was sehr heilsam ist. Elfen sind in ihrem Energiefeld etwa daumengroß; sie übernehmen die Farbe bzw. Farben der Blüte, über der sie schweben. In ihren feinen Gliedern ähneln sie dem Menschen. Elfen tauchen sowohl in männlicher als auch weiblicher Gestalt auf.

Feen Hohe, fast menschengroße Luftwesen, die du nur auf Lichtungen findest. Sie besingen die Kräfte der Liebe, um sie auch in dir und allen Menschen zu aktivieren. Sie sind bereit, jedem einzelnen Menschen zu helfen. Ich habe Feen bislang nur in weiblicher Gestalt gesehen. Sie zeigen sich wie mit großen, langen, wallenden und dabei sehr leichten und luftigen Gewändern, die entweder alle Farben des Regenbogens ausweisen oder auch nur eine

Farbe. Ihre Gesichter sind offen und zart, voller Hingabe, sehr hell. Sie tragen immer offene Haare, die wie eine Wolke um sie herum wirken. Sie geben einzelnen Menschen Botschaften und versuchen, das Liebespotenzial der Menschheit zu wecken.

Zwerge Kleine Naturwesen, die gute Geschichtenerzähler sind und so Menschen motivieren können, sich für neue Einsichten zu öffnen. Sie fördern uns dabei, innerlich und äußerlich aufrichtig zu sein. Sie schauen oft nach oben, in den Himmel.

Devas Unter den Devas gibt es viele Arten, ich erwähne nur eine. Devas sind menschenähnliche weibliche Geistwesen, die sogar schon einmal als Mensch inkarniert gewesen sein können und sich nun die Aufgabe gestellt haben, als Geistwesen zu wirken. Man findet Devas an Kraftorten; ihre Aufgabe ist, Gebete zu erhören bzw. Meditationen zu begleiten. Sie unterstützen den Menschen dabei, seine höheren geistigen Ziele zu erreichen und die Suche nach Sinn zu erfüllen, indem sie ihm persönliche Botschaften geben. Devas wissen nicht nur über deine gegenwärtige Situation Bescheid, sondern kennen auch dein Karma aus der Vergangenheit und deine Möglichkeiten in der Zukunft.

Wie man Kontakt mit einigen der genannten Naturwesen aufnimmt, beschreibe ich im III. Teil. Was ich erst vor kurzem gelernt habe ist, dass sich Kristallkräfte jetzt sogar in Naturwesen zeigen. Es gibt Erdwesen, wie beispielsweise Zwerge, die eine absolut kristalline, transparente und strahlende Energie haben. Das sind tatsächlich neue Wesenheiten, die auf diese Erde kommen, um uns Menschen im neuen Denken, im neuen Umgang mit der wunderbaren Erde anzuleiten und zu fördern. Manche Wirkungen können wir auch auf der materiellen Ebene feststellen; dazu gehört die Entwicklung der biodynamischen und biologischen Landwirtschaft, das Angebot von Bio-Produkten nicht nur in alternativen Naturkostläden, sondern auch in Supermarktketten. Diesen Tendenzen ist gemeinsam, dass sie die Bemühung zum Ausdruck bringen, auch die Qualität der irdischen Produkte zu verfeinern.

Diese neuen Kristallnaturwesen schauen weniger in die Natur hinein, sondern überwiegend in den Himmel hinauf. Ihre Aufgabe ist weniger kraftvolles Tun oder konkrete körperliche Heilung, als den Menschen aufzurütteln für die Liebe. Für die Liebe zu Allem, nicht nur zu einer Blume und einem Nachbarn. Was ist Liebe? Liebe ist, den anderen so zu akzeptieren, wie er bzw. sie ist. Das bedeutet nicht, dass du ihm ständig um den Hals fallen musst, es heißt vielmehr: Lass ihn leben. Denn wer bist du, dass du über ihn urteilen könntest? Haben wir die Erlaubnis und die Einsichtskraft, zum Beispiel unsere Eltern oder unsere Partner wirklich zu beurteilen? Liebe hat also auch mit der Haltung einer gewissen Demut zu tun, mit Verständnis, Vergebung und Güte.

Lichtvolle Ahnen

Lichtvolle Ahnen sind früher immer blutsverwandte Verstorbene gewesen, oft viele Generationen zuvor, die Menschen halfen, ihre Heilkräfte zu entwickeln und sie in dieser Hinsicht geistig führten. Früher wurden geistige Fähigkeiten, auch Heilkräfte, von einer Generation zur nächsten übergeben. Heute findet es meistens gar nicht mehr statt, dass noch vorhandene Fähigkeiten übertragen werden. Und in vielen Familien existieren solche Kräfte auch gar nicht, weder in der einen noch in der anderen Generation. Manchmal taucht jedoch auch in einer Familie, in der man solche Fähigkeiten bislang überhaupt nicht gekannt hatte, ein Kind mit besonderen Kräften auf, das diese später vielleicht sogar weitergibt.

In unserer schnelllebigen Zeit wirken die Kräfte also nicht mehr so „geordnet" wie früher. Deshalb kann es passieren, dass lichtvolle Verstorbene, die bereit waren, dienende Aufgaben für jetzt lebende Menschen zu übernehmen, die aber nun keine eigenen Nachfahren mehr zu betreuen haben, sich nicht-blutsverwandte Menschen suchen, die ihnen in der Schwingung ähnlich sind und die nach Führung suchen.

Ein Beispiel dafür aus meiner eigenen Erfahrung. Ein Mann deutscher Abstammung wurde in Venezuela geboren. Er fühlte sich zu Natur und Pflanzen hingezogen; er hat mit ihnen gesprochen, und sie sind unter seiner Obhut besonders gut gediehen. Im Gespräch durfte ich ihn auch geistig anschauen, und ich sah, dass er außer seinen Engeln auch drei weitere „Ahnen" um sich hatte, die aus der venezolanischen Kultur stammten. Diese drei lichtvollen Ahnen übermittelten ihm Impulse, wie er schamanische Heilkräfte, die er unbewusst bereits in sich trug, zum Nutzen von anderen Menschen entwickeln und anwenden konnte. Sie gaben mir Hinweise für den Mann, die ich ihm übermitteln sollte, wie er mit seinen eigenen Heilkräften würde umgehen können.

Ein zweites Beispiel: Eine Frau wird zu einer Heilerin, weil ein Verwandter von ihr, der verstorben ist, sie aus der geistigen Welt dahin führt. Eine ältere Frau kam zu mir und berichtete, dass sie nach der Selbsttötung ihres Lieblingsbruders, den sie mehrere Jahre hindurch betrauerte, zu einem Heiler kam. Dieser half ihr, ihren Schock aufzulösen. Ab diesem Zeitpunkt spürte sie Energie in ihren Händen und sie begann, ohne zu wissen wie und warum, anderen Menschen die Hände aufzulegen. Ihr Gefühl sagte ihr, dass ihr Bruder immer noch bei ihr sei. Im Gespräch mit dieser Frau stellte ich fest, dass ihr Bruder tatsächlich neben ihr stand und dass durch seine Hände Heilkraft in diese Frau hineinfloss, mit der sie Menschen „behandelte". Dieser Bruder besaß zwar eine Gestalt, aber kein Gesicht. Er hatte sich, wie ich auf Nachfragen von ihm erfuhr, selbst verbrannt (er war schwer depressiv gewesen), aber nach seinem Tode erkennen müssen, wie viel Leid er nicht nur für sich, sondern auch über andere Menschen durch die Selbsttötung gebracht hatte. Aufgrund dieser Einsicht „verlor" er vor sich selbst „sein Gesicht". Um es zurückzugewinnen, musste und wollte er viel Gutes tun, durch den Menschen, der am meisten unter seiner Tat gelitten hatte, seine Schwester.

Etwas später hatte sie einen Traum, in dem ihr Bruder in einem Auto saß, ihr fröhlich zuwinkte und wegfuhr. Ich fragte sie, ob sie sein Gesicht gesehen habe, was diese Frau mit „Ja, natürlich" beantwortete. Sie fügte noch hinzu, dass sie seither noch größere Kräfte in ihren Händen spürte. Ich spürte, dass er aufgrund seiner Öffnung für sie und wegen der Hilfe und Heilung, die er durch sie hatte bewirken dürfen, nun erlöst worden war und auf seinem weiteren Weg fortschreiten konnte. Seine Schwester vermochte ab jetzt auch ohne seine Hilfe und Führung als Heilerin arbeiten; sie nahm an einer Heilausbildung bei mir teil, und ich darf miterleben, welch segensreiche Heilarbeit sie auch heute noch leistet.

Ein drittes und letztes Beispiel. Eine Frau mittleren Alters litt unter einer fortgeschrittenen Form von Multipler Sklerose, einer Nervenkrankheit, die sich auch auf das Rückenmark erstreckt. Sie befürchtete, bald nur noch im Rollstuhl zu sitzen. Ich sagte ihr, dass – wenn keine Methode bislang Erfolg gezeigt hätte – dies vielleicht ein Zeichen dafür sein könnte, dass sie selbst hohe Heilkräfte in sich hätte, und dass sie – um gesund zu werden – diese Heilkräfte nun auch ausbilden und anwenden sollte. Sie nahm an einer Heilerausbildung teil und begann schon bald darauf mit ihrer Heilarbeit. Sie wurde (bisher!) vollständig gesund und konnte eine eigene Praxis eröffnen und führen. Bei einem Besuch konnte ich sehen, wie zwei nicht-blutsverwandte lichtvolle Ahnen sie in ihrer Heilarbeit unterstützten. Die Seele einer verstorbenen Schamanin half, alte karmische Belastungen aufzulösen; die Seele eines verstorbenen Arztes half, schwache oder erkrankte Organe zu heilen.

Nicht nur Therapeuten, sondern generell kann jeder Mensch Verstorbene um Hilfe bitten. Wir brauchen keine Sorge zu haben, dass wir die Seele dadurch stören oder unzulässig an die irdische Ebene binden würden, denn wenn für die Seele des Verstorbenen eine andere Aufgabe jetzt wichtiger ist, so erhört der nach wie vor existente Schutzengel dieses Verstorbenen unser Gebet.

Das heißt umgekehrt allerdings keinesfalls, dass wir uns für verstorbene Heiler oder Ärzte als Kanal oder Medium öffnen sollten. Denn das kann zu einer „Besetzung" führen nach dem Motto: „Die Geister, die ich rief, werde ich nicht mehr los." Heilsame Verbindungen zwischen Lebenden und lichtvollen Ahnen entstehen durch geistige Führung von ganz allein, wenn die lichtvolle Welt dies für richtig hält.

Über die Hilfe für Heiler und Heilerinnen hinaus können lichtvolle Ahnen uns helfen, mit bestimmten Herausforderungen im Lebensalltag (Umzug, Arbeitssuche, Suche nach einem geeigneten Therapeuten oder einer wirksamen Therapie) besser und leichter fertig zu werden. Eine gezielte Aufgabe für einzelne Menschen und deren spezielle Beschwerden haben lichtvolle Ahnen jedoch nicht.

5.

ENGEL IM STERBEN UND DANACH

Sterbebegleitung mit Engeln
Der Sterbeprozess ist ganz allgemein eine großartige Chance, doch noch eine seelische und spirituelle Entwicklung zu vollziehen, die den Menschen enorm vorwärtsbringt, die er während seines Lebens aus unterschiedlichen Gründen nicht hatte machen können.

Bei allen Schritten, die ein Sterbender durchlaufen muss, um das Alte (und letztlich den Körper!) loszulassen, unterstützen ihn die Engel. In erster Linie ist das der Schutzengel, der ihn von Anfang des Sterbeprozesses bis ganz zum Schluss begleitet. Außerdem gibt es „Loslass-Engel", die dabei helfen, in jeweils einem Stadium dieses Lösungsvorgangs dem Sterbenden beim Loslassen zu helfen.

Der Sterbeprozess kann bereits Monate vor dem letzten Atemzug beginnen, aber auch schon ein Jahr zuvor,

5. Engel im Sterben und danach

in seltenen Fällen sogar noch länger vorher. Ich erkenne diesen Zeitpunkt daran, dass das Scheitelchakra dieses Menschen sehr weit geöffnet ist und wie ein riesiger Kreis wirkt, nicht mehr wie eine aufrechte Säule. In diesem Kreis befinden sich einige lichtvolle „Loslass-Engel", die beten und singen und einen kleinen Seelenanteil nach dem anderen, der sich lösen möchte, in den Himmel senden bzw. begleiten. Äußerlich beobachtet man diesen Vorgang unter Umständen daran, dass die Menschen kleiner werden, dass sie weniger Anteil nehmen oder dass sie manchmal „fantasieren", sich also bereits zeitweise in anderen Welten aufhalten.

Durch Gebete entweder der sterbenden Person, wenn sie noch bei Bewusstsein ist, oder durch die Gebete der sie begleitenden Menschen werden die entsprechenden Engel herbeigerufen. Sie kämen zwar auch von sich aus, Gebete helfen jedoch, den Prozeß leichter und kürzer zu gestalten. Eine Seele, die im Sterbeprozess dabei ist, den Körper zu verlassen, fragt zum Beispiel Begleitpersonen, wer denn der Mensch hinter ihnen sei, obwohl dort kein irdischer Mensch steht.

Bei allem, wobei man sich unsicher ist und wenn du einem Menschen beistehen möchtest, der schwer krank ist oder im Sterben liegt, ist es immer sinnvoll, das folgende Gebet zu sprechen, um die Engel aktiv einzuladen, herbeizukommen und den Menschen zu unterstützen:

„Lieber ... (Vorname oder Name des Kranken oder Sterbenden), schaue immer nach oben in das Licht und folge den Engeln."

Die innere Haltung des Sterbenden sollte am besten so sein, dass er oder sie denkt bzw. fühlt: „Ich freue mich, dass es weitergeht." Diese ausdrücklich eingenommene Bewusstseinshaltung führt dazu, dass man die Gegenwart der Engel spüren kann, auch wenn man sie vielleicht (noch) nicht sehen kann.

Es gibt nach meiner Erfahrung und Einsicht sieben Schritte für Lernprozesse allgemein, die jedoch auch für den Ablauf des Sterbevorgangs gültig sind:
1) **Erkenntnis:** Erkennen, dass dieses Leben vorbeigeht und etwas Neues kommt (und kommen muss).
2) **Verständnis:** Verstehen, warum sich die Menschen, die dich jetzt begleiten, so verhalten, wie sie es tun, bzw. verstehen, warum dich keiner begleitet.
3) **Vergebung:** Anderen Menschen und dir selbst alle Gräuel vergeben, die du noch in dir spürst.
4) **Vertrauen:** Vertrauen in die Menschen, die dich begleiten und vertrauen darauf, dass es weitergeht.
5) **Mut:** Mut, den Schritt in das Licht zu tun, und dir bildhaft vorstellen, ruhig auch „einbilden", wie das aussehen könnte.
6) **Loslassen:** Alle Erwartungen und Befürchtungen loslassen.
7) **Liebe:** Nur Liebe sein, nur an Liebe glauben, nur in die Liebe gehen.

Heilung auch nach dem Tode

An dieser Stelle möchte ich kurz anmerken, dass sich die Engel nicht nur um uns Menschen kümmern, solange wir in und mit dem Körper hier auf der Erde sind, sondern auch während des Sterbens und genauso auch noch nach dem Tod.

So überraschend oder eigenartig es klingen mag: Die Haltung, in der die sterbende Person (und auch die Begleiter oder Begleiterinnen) sind, stellt einen entscheidenden Schritt zur Heilung dar, nicht nur für das nun zu Ende gehende Leben, sondern auch für künftige.

Ich beobachte, dass gerade nach dem Tod von Menschen aufgrund von schweren Krankheiten wie Krebs die Engel die Seele aufnehmen und in einen heilsamen Schlaf führen und begleiten. Dieser Schlaf kommt um so eher, wenn die Seele bereit ist, ihren Kummer loszulassen, der zur Krankheit geführt hat. (Das Loslassen von Kummer ist eine der Durchgangsstadien beim bewusst geführten Sterbeprozess, der oben sehr knapp skizziert wurde, bei dem die „Loslass-Engel" helfen.)

Der heilsame Schlaf der Seele kann nach unseren Zeitbegriffen monatelang dauern. In dieser Zeit darf sich die Seele erholen, sie kann neue Kräfte sammeln, bis sie dann wieder erwacht und mit frischer Aufmerksamkeit ihr vergangenes Erdenleben noch einmal anschauen kann.

Der so genannte Todesengel

Die Seele wird immer vom eigenen Schutzengel über die Schwelle des Todes begleitet. Auf der anderen Seite führt der Schutzengel weiter. In manchen Fällen wird man auch von einer bereits zuvor verstorbenen lieben Seele begrüßt. Man durchschreitet und gelangt in die Himmelsphären, die dem eigenen Bewusstseinszustand entsprechen und die am meisten helfen, die sieben oben erwähnten Eigenschaften am besten weiter zu entwickeln. Bei Nahtoderlebnissen wird immer wieder berichtet, dass die Seelen von Lichtgestalten, Meistern, Jesus oder anderen lichtvollen Geistwesen empfangen wurden. Die göttliche Kraft zeigt sich in der Form, die du am besten begreifen und annehmen kannst. Wenn eine Seele nach ihrer Klärungsphase zu einem Engel wird, kommt sie in die entsprechende Ebene und Gruppe.

Wie ist es nun mit dem in verschiedenen Religionen und geistigen Lehren oft genannten „Todesengel" oder „Sterbeengel"? Nach meiner Erfahrung gibt es mehrere „Todesengel", die eine ganz bestimmte Funktion ausüben. Sie lösen bzw. durchschneiden *nach* dem letzten Atemzug eines Menschen alle „Fäden", welche die Seele noch mit allen ihren emotionalen Verhaftungen aus ihrem bisherigen irdischen Leben verbinden. Das geschieht, damit die Seele frei nach oben aufsteigen kann, um sich in höheren Dimensionen weiterzuentwickeln.

Vielfach liest man, dass ein „Todesengel" beim Tode käme, um die Seele abzuholen und vor ein Gericht zu bringen; je nach Religionsauffassung vor ein himmlisches oder ein eher weniger himmlisches.

Weder Hölle noch Fegefeuer existieren als tatsächliche geistige Orte oder Dimensionen, noch ein „Gericht". Diese Bilder sind Projektionen, die aus den eigenen negativen Gefühlen entstehen, seien sie bewusst oder unbewusst. Wir schaffen solche Energiefelder ganz allein von selbst, und nur wir können – durchaus auch mit Hilfe von Gebeten zu den Engeln oder zur Christus- oder Gotteskraft – solche Bilder und Erlebensräume auch auflösen. Die Wahrheit für das Verständnis des Fegefeuers aus geistiger Sicht ist: Das Fegefeuer ist die Energie, in welcher all dein Leid so schnell wie möglich verbrannt und mit den Kräften des Erzengels Michael zu Licht werden kann. Damit wirst du frei in deinem Weg zum Licht, ob dieser Weg dich nun weiter in Sphären des Himmels führen mag oder auf die irdische Ebene zurück. Demnach gibt es auch keinen feinstofflich real vorhandenen Todesengel, der einen aus dem Körper herausrisse.

Inkarnationsengel

Ich kenne dreierlei Arten von Inkarnations- oder Geburtsengeln.

Am häufigsten sind die Geburtsengel, die etwas kleiner als ein erwachsener Mensch sind, sich in weiblicher Gestalt zeigen; sie strahlen ein Sonnengelb aus, sie haben ruhige und fröhliche Gesichter, die Freude über die Schwangerschaft und den Geburtsprozess ausdrücken. Die Hauptaufgabe dieser Geburtsengel ist, die Entwicklung der Mutter und des Kindes in ihrem Körper zu fördern. Sie sind die gesamte Schwangerschaft hindurch anwesend und unterstützen mit ihrer Energiearbeit neun Entwicklungsphasen in den neun Monaten.

Ich sehe diese Geburtsengel in der Aura der künftigen Mutter einige Wochen oder sogar Monate vor der tatsächlichen Empfängnis. Ihre Aufgabe ist nämlich auch, den Körper der Frau auf die Empfängnis vorzubereiten. Dann gibt es noch größere Geburtsengel in männlicher Gestalt, die blau-violettes Licht tragen. Während die zuerst genannten weiblichen Engel ihre Hände immer an Mutter und Kind halten und sie behüten, beschützen diese männlichen größeren Engel Mutter und Kind, während sie wie zwei „Säulen" links und rechts der Mutter stehen. Während der Geburt befinden sie sich vor Mutter und Kind und bahnen dem Neuankömmling gewissermaßen den Weg aus dem Schoß in das Leben.

Ein bis zwei Wochen nach der Geburt sind diese männlichen und auch die zuvor genannten weiblichen Engel immer noch gegenwärtig, bis sich alle Energien des Kindes in seiner neuen Umgebung stabilisiert haben; ab dann übernimmt der Schutzengel seine Aufgabe ganz (der mit Seele und Geist diese Inkarnation ja schon ausgesucht hat).

Schließlich gibt es noch kleine weiß-gelbliche Putten, die uns aus Barockkirchen ja gut bekannt sind. (Es gibt sie auf der geistigen Ebene wirklich!) Sie befinden sich etwa im fünften und siebten Schwangerschaftsmonat in der Aura über dem Kopf der Mutter. Mit ihrem Gesang erwecken sie allmählich Seele und Geist des Kindes. Ich sehe meistens nur ihren Kopf und Oberkörper.

Wenn sich die werdende Mutter Zeit für sich nimmt, für Muße, Ruhe, Meditation, Kreativität, dann können die Inkarnationsengel ihre Funktion für Kind und Mutter noch besser und leichter erfüllen. Man kann deshalb auch schon in der Schwangerschaft das kommende Leben begünstigen und viele Schicksalsprüfungen vermeiden, weil die Energie des Kindes bereits gut entwickelt, lichtvoll beschützt und geführt sowie gut geerdet ist.

Neun Phasen der Schwangerschaft
Für die Menschen, die sich dafür interessieren, möchte ich noch einige Hinweise geben zu neun klar erkennbaren Phasen der Schwangerschaft, wie ich sie aus der Sicht der geistigen Welt erfahre. Im Normalfall wird die künftige Mutter – vor dem Beginn des Inkarnationsprozesses! – darauf vorbereitet, indem ihr Körper auf mehreren Ebenen gereinigt und sogar erneuert wird. Auf der Seelenebene wird die Frau ganz selbstverständlich ruhiger und besinnlicher. Im geistigen wird sie klarer und stabiler und mehr auf das Jetzt ausgerichtet. Nun zu den neun Phasen, die jeweils etwa einen Monat dauern.

1. Phase
Zusammenführung von zwei Seelen
Die Seelen von Mutter und Kind werden zusammengeführt. Der Vater soll, aus geistiger Sicht, während der Schwangerschaft einen ruhenden und schützenden Pol darstellen, nicht mehr und nicht weniger. Es kommt, da sich die Schwangerschaft ja vom Augenblick der Empfängnis nur in der Mutter abspielt, wirklich auf die Zusammenführung der Seelen von Mutter und Kind an.

In der Aura der Frau taucht die künftig inkarnierende Seele in voller Wachheit auf, nicht etwa als schlafendes Embryo. Die Seele steht in der Lichtgestalt in der Aura der Frau, wie sie sich im Verlauf all ihrer bisherigen Inkarnationen im Himmel gebildet hat.

2. Phase
Inkarnation der Seele des Kindes
In der Inkarnationsphase geht die Lichtgestalt des Kindes, die anfangs in der Aura der Frau ist, immer weiter bzw. tiefer in die Frau ein, wird sozusagen eins mit ihr, und verdichtet sich dann als Lichtkugel im Schoß der Frau. Zwischen der 7. und 11. Schwangerschaftswoche legt sich ein so genannter Schleier des Vergessens über die Seele des Kindes. Dieser Schleier bewirkt, dass die Seele ihre früheren Inkarnationen und ihren himmlischen Ursprung völlig vergisst. Die Kindesseele gibt sich ganz der Mutter hin und „schläft" in ihr ein.

3. Phase
Zeit der Sammlung von Energien
In dieser Phase sammeln Frau und Kind die notwendigen Kräfte für das weitere Wachstum des Kindes im Schoß. Der Körper der Mutter sammelt nun auch die nötigen Kräfte für die Bedürfnisse in der Schwangerschaft.

4. Phase
Körperliche Entwicklung
In dieser Phase geht es vor allem um die Entwicklung des Körpers, des Organismus, der Systeme und ihres Zusammenwirkens.

5. Phase
Persönlichkeitsentwicklung

Ungefähr bis zum fünften Monat hat das Embryo keine „eigene" Identität, sondern ist eins mit der Mutter. Im fünften Monat jedoch erwacht die Persönlichkeit des neuen Menschen, seine Seele. Plötzlich „spürt" dieser neue Wesen, dass „da draußen" eine ganz andere Welt ist, eine neue Welt, die anders ist als es selbst. Danach fängt dieses neue Wesen an zu bemerken, dass es diese neue, andere Welt wahrnehmen kann, oft zwar durch die Wahrnehmungen und Reaktionen der Mutter, bisweilen aber auch ganz eigenständig.

Dafür ein praktisches Beispiel. Die Mutter ist in der Natur, in ihren Gedanken, ohne draußen etwas Besonderes anzublicken. Das neue Wesen schaut nun gewissermaßen mit den Augen oder durch die Augen der Mutter und nimmt Blätter, Himmel, einen Bach und so fort wahr. Das Kind wird im fünften Monat zum eigenständigen Beobachter.

Die Persönlichkeit formt sich nun durch die Umstände und Situationen, die es miterlebt. Die so genannte pränatale Prägung ist nach meiner Einsicht in die geistige Welt noch ausschlaggebender als die karmische bzw. genetische Prägung oder die spätere soziale und kulturelle Prägung.

Ich kenne zum Beispiel eine freundliche Frau, die während ihrer Schwangerschaft nicht nur mit dem Vater des Kindes intime Begegnungen hatte. Das Kind hat deshalb nun die Herausforderung, eine tief gehende frühe Verunsicherung seiner eigenen Identität zu überwinden sowie echte und stabile Beziehungen zu anderen Menschen aufzubauen. Dieses Kind ist in seiner Persönlichkeit durch Umstände und Handlungen geprägt (und natürlich auch belastet) worden, die es selbst nicht veranlasst hatte und die es auch nicht selbst ändern konnte.

Es gibt aber auch Schwangerschaften, die ganz anders verlaufen (und ich durfte das als werdende Mutter selbst so erleben). Da erfahren die neuen Wesen zum Beispiel ein emotional harmonisches, materiell gesichertes und geistig klares Umfeld, das ihre Persönlichkeit entsprechend pränatal prägt. (Selbstverständlich sind diese kurzen Hinweise keineswegs umfassend und erschöpfend.)

Das Erwachen von Körper, Seele und Geist findet in jeweils einer von drei Phasen statt. Der Körper erwacht in der vierten Phase, die Seele in der fünften und der Geist in der sechsten.

6. Phase
Der Geist erwacht
Die sechste Phase ist eine sehr ruhige Zeit; es ist, als ob eine lange Nacht des Schlafens und Träumens langsam zu Ende geht und nun das Bewusstsein für einen neuen Tag erwacht. Nicht die aktive Wahrnehmung und Beobachtung der Außenwelt steht jetzt im Vordergrund, sondern das Sichöffnen und Hineinspüren in ein neues Sein.

7. Phase
Die Lebenskraft stabilisiert sich
Was sich inzwischen an Energien und Eindrücken gesam-

melt hat, wird nun verdichtet; der geistig beseelte Organismus stabilisiert sich auf allen Ebenen.

8. Phase
Das ganzheitliche Mensch-Sein
Die Kräfte von Körper, Seele und Geist sind nun für sich genommen soweit entwickelt worden, dass eine erste ganzheitliche Verbindung und Verknüpfung stattfinden kann. Das bildet die Grundlage für die Erfahrung einer neuen Inkarnation, eines neuen Mensch-Seins.

9. Phase
Ent-Bindung
Der letzte Monat ist die Vorbereitung, vor allem auf der energetischen Ebene, für die Entbindung. Bereits in diesem Wort steckt eine tiefe Bedeutung: Das Kind wird aus der innigen Verbindung mit der Mutter gelöst, die ab einem bestimmten Zeitpunkt jedoch auch eine Bindung darstellt. Die Entbindung ist allerdings auch eine derart tiefgreifende Erfahrung der Trennung, der Abtrennung, dass die Vorbereitung und die Hilfe für die Geburt gar nicht liebevoll, umsichtig, geduldig und harmonisch genug sein können, um frühe traumatische Prägungen durch den Trennungsschmerz zu vermeiden. (Der bekanntlich nicht nur die Neugeborenen erfassen könnte, sondern auch die Mutter, die unter einer postnatalen Leere oder gar Depression leiden kann.)

Die neun Phasen sind nun nicht nur wesentliche Stadien für das Kind, sondern auch die Mutter durchläuft diese Phasen. Das kann sich auch in Stimmungsschwankungen niederschlagen, von denen viele Frauen berichten. Wenn die Frau sich diese Phasen nun bewusst macht (die nicht unbedingt genau auf einen Tag genau soundsolange dauern müssen), dann kann sie bereits durch dieses Wissen und ihre daraus folgende positive innere Einstellung sehr viel dazu beitragen, nicht nur das Kind zu fördern, sondern sich selbst auch weiterzuentwickeln.

Viele Frauen empfinden den fünften Schwangerschaftsmonat als den emotional schwierigsten Monat. In dieser Phase erwacht die Persönlichkeit, die Seele des Kindes. Es beobachtet die Welt und nimmt alles unmittelbar und unverfälscht an. Die Herausforderung für die Mutter ist es nun, dass sie sich selbst genauso unvoreingenommen betrachtet und sich ohne Bewertung annimmt, in ihrem Grundwesen, in ihrer Natur, in ihrer Seele, in ihrem Geist – kurz: dass sie sich wirklich liebt. Dazu zählt dann selbstverständlich genauso, dass sie annimmt, wie sich ihr Körper jetzt anfühlt und wie er aussieht, oder wie ihre Gefühle und Gedanken sind und wie sie sich auch rasch verändern können.

Voller Erstaunen und Freude durfte ich bisher immer wieder miterleben, dass Frauen, die ich über diese geistigen Zusammenhänge informiert habe und die dann bewusst in diesen fünften Monat hineingegangen sind, gerade diese Zeitspanne zu den glücklichsten und erfüllendsten Stadien der Schwangerschaft zählten.

Der Sinn, sich nicht nur mit dem Leben und der Lebensführung zu beschäftigen, sondern auch mit dem Sterben und dem Sterbeprozess, aber ebenso oder noch viel mehr mit der Empfängnis, der Schwangerschaft und der Geburt besteht darin, dass man gerade an diesen beiden Durchgängen der geistigen Welt so nahe wie sonst kaum sein kann. Beim Eintritt in die Inkarnation in ein neues irdisches Leben und beim Übergang in eine andere Zeit danach sind für offene, sensible Menschen (auch wenn sie nicht medial sind!) ein eigenes Gespür für die Existenz der geistigen lichten Welten und für manche ihrer Kräfte möglich. Die Schwangerschaft stellt für die Frau auch die Zeit dar, in der sie die meisten Entwicklungs- und Wachstumschancen erhält.

Noch ein für viele Leserinnen sicher interessanter Hinweis aus der geistigen Welt: Die Seele des Kindes kann sich in zwei Phasen ganz bewusst und gezielt entscheiden, ob es die Inkarnation wirklich vollziehen möchte oder nicht. Das erste Mal ist dies in der zweiten Phase, dann erneut in der fünften.

In der zweiten Phase, bevor sich der Schleier des Vergessens über die Seele senkt, spürt die Seele, ob die Frau und Mutter in ihrer Lebenssituation genug Energie hat, ein Embryo heranreifen zu lassen und das Kind auszutragen.

In der fünften Phase beobachtet die Seele, ob die Lebensumstände der Mutter (nicht etwa der ganzen Familie) zulassen, dass die Seele ihren Lebensplan so angehen kann, wie sie sich dies vorgenommen hat.

Das bedeutet nach meiner Ansicht, dass die werdende Mutter gerade in diesen beiden Phasen das Kind ganz besonders willkommen heißt und sich noch inniger auf die Kraft und Hilfe der Engel einstellt und diese einlädt, in ihr zu wirken.*

Ein letztes Wort zur Arbeit mit Engeln in der Schwangerschaft. In der fünften und in der siebten Phase sind Puttenengel, wie weiter oben kurz erwähnt, in der Aura der Mutter. Es sind sieben Engel, die sich im Bereich von Kopf und Schultern aufhalten, die den Prozess durch ihr Lächeln, ihre Harmonie und ihren Gesang unterstützen und damit das Kind beim Erwachen für sein neues Mensch-Sein stärken. Es ist, als ob jemand ein Kind sachte aus dem Schlaf aufweckt.

Und auf jeden Fall wirst du feststellen, dass es dir und deinem werdenden Kind sehr, sehr gut tut, wenn du gerade in diesen Monaten tatsächlich jeden Tag mit einem Engelgebet beginnst und beschließt und wenn du dich immer wieder auf die lichtvolle geistige Welt einstellst. Jeden Tag kannst (und solltest) du das Kind bewusst willkommen heißen! Die werdende Mutter hat eine prägende Vorbildfunktion für das neue Leben. Sie gestaltet, ja sie bildet sogar mit aus, ob das Kind Selbstvertrauen entwickelt, ob es dem Leben vertraut, ob es für die lichtvolle geistige Welt offen ist.

Zur Einstimmung auf die lichtvollen Engel und die geistige Welt dienen auch die Übungen, Gebete und Meditationen in den nächsten Kapiteln.

---

* Mehr gerade zu dieser doch sehr persönlichen und diffizilen Thematik der neun Phasen und wie man damit achtsam und zum Wohle von Mutter und Kind umgeht, in meinen Vorträgen und Seminaren.

TEIL 3

WAS DU FÜR DEINE HEILUNG MIT HILFE DER ENGEL UND ANDERER LICHTVOLLER GEISTWESEN SELBST TUN KANNST

6.

VORAUSSETZUNGEN FÜR DEINE HEILARBEIT

Eigenverantwortung
Ob es nun um deine körperliche oder um deine seelische Gesundheit geht, ob du nach Lösungen für weltliche Probleme oder nach Antworten auf dem spirituellen Weg suchst: Der erste und oft entscheidende Schritt ist der Schritt in deine Eigenverantwortung. Es geht um dein Leben.

Du bist selbst ein lichtvolles Wesen, das aus dem Licht zwar jetzt in diese oft so schattenhafte und dunkle Erdenwelt gekommen ist, aber dennoch nie sein Himmelserbe verliert, nie die Verbindung zu seinem göttlichen Ursprung. Dieser göttliche Ursprung ist zugleich die Quelle aller Weisheit, aller Heilung, aller Liebe. Eigenverantwortung in diesem Sinne bedeutet, dass du in dir nach Antworten nicht nur suchen, sondern sie dort auch finden kannst. (Das Wort Antwort steckt ja nicht von ungefähr in den Begriffen Verantwortung und Eigenverantwortung.)

Das bedeutet nicht, dass wir von anderen nichts lernen könnten; auch nicht, dass uns andere nicht helfen könnten. Aber wir selbst müssen bereit sein, uns einzubringen in alle Prozesse der Heilung, seien sie nun körperlicher, seelischer oder geistiger Natur.

Therapeuten sollen und dürfen uns Impulse geben, sie können ihr Fachwissen bei der Behandlung von Beschwerden einbringen, sie sollen und dürfen uns helfen, unserer Eigenverantwortung noch bewußter und besser gerecht zu werden.

Hilfe durch Therapeuten

Die Engel sagen mir, dass es wichtig wäre, wenigstens knapp auf die Grundlagen der Arbeit der einzelnen Heil- und Helferberufe einzugehen, sie zum besseren Verständnis auch im Hinblick auf ihre Aufgaben und Bezugsquellen unterscheiden zu lernen, sowie etwas zu den ethischen Maßstäben zu sagen, die wir anlegen dürfen und sollen.

Schulmedizin

Es gibt selbstverständlich viele Fälle, in denen es sehr sinnvoll ist, die so genannte Schulmedizin zu konsultieren, um sich vor allem einen möglichst klaren Überblick über die eigene organische, körperliche Situation zu verschaffen. Stichwort sind hier also Diagnose, Notfallversorgung, chirurgische Eingriffe und dergleichen. Gerade Menschen, die sich bemühen, bewusster zu leben und sich spirituell zu entwickeln, hegen gegenüber der naturwissenschaftlich-akademisch begründeten Medizin oft ein Misstrauen. Und manchmal neigen sie auch dazu, Symptome im eigenen Körper zu verleugnen, sich ganz auf Heilgebete oder Heilmeditationen oder positives Denken zu verlassen und dergleichen mehr. Die Motivation dafür kann zwar durchaus ein starker Glaube sein, aber dahinter kann sich auch eine Angst verstecken, die eigene Körperlichkeit und möglicherweise ernste organische Bedrohungen der Gesundheit überhaupt zur Kenntnis zu nehmen.

Es ist übrigens unsinnig, von einem Arzt oder einer Ärztin zu erwarten, dass er bzw. sie mehr weiß und kann, als man an der Universität studiert und im Alltag von Krankenhaus oder Praxis lernen kann. Ärzte sollen selbstverständlich ihr Fachgebiet möglichst gut beherrschen, und wenn sie darüber hinaus noch einfühlsam mit Patienten umgehen – umso besser. Aber erwarte nicht von ihnen, dass sie die Ganzheit deines Lebens erfassen oder dir bei der Erfüllung von Lebenssinn helfen könnten. Gehe zu Ärzten so lange, wie du das Gefühl hast, dass sie dir helfen können. Gehe so lange zu ihnen, wie es für dein Leben für dich stimmig ist, und solange du spürst, dass du das Körperthema, in dem sich die Beschwerden oder Krankheit manifestieren, mit ihrem Fachwissen voranbringen kannst.

Die Auswahl des richtigen Arztes kann sich allein an seiner fachlichen Ausbildung und seiner fachlichen Kompetenz orientieren.

Naturheilkunde

Bei Heilpraktikerinnen und Heilpraktikern kannst du zu Recht eine ganzheitlichere Sicht und Behandlung erwarten. Du wirst Impulse bekommen, die über die Behandlung mit Naturheilverfahren aus der Erfahrungsmedizin hinausgehen. Du kannst ein neues Verstehen über Symptome an Organen oder Körperteilen hinaus gewinnen, die deine Lebenssicht entscheidend erweitert und so nicht nur zu Heilung, sondern auch zur Erfüllung deines Entwicklungsweges bzw. deines Lebensplans beiträgt.

Bei einem Auto ist das einzelne Teil offensichtlich nichts ohne das Ganze. Der schönste und beste Motor hilft uns nicht weiter, wenn auf den Felgen keine Reifen aufgezogen sind. Der Vergleich ist dir sicher schon längst bekannt, aber es schadet nicht, ihn zu wiederholen: Ein Organ ist nichts ohne das Ganze, ohne Herz und Lungen, ohne Rückgrat und Glieder, und so fort. Aber auch das Ganze des Körpers ist nichts ohne Bewusstsein, ohne Geist.

Die für dich richtige Heilpraktikerin bzw. den Heilpraktiker kannst du sowohl aussuchen danach, ob dir ihre oder seine Methoden zusagen, als auch danach, ob du Vertrauen zu ihr oder ihm hast.

Geistige und energetische Heilung

Dazu zählen zum Beispiel Handauflegen, Gebete, Aura-Clearings, Chakra-Readings, Reiki, Zagovors, so genannte Tunings und so fort; teilweise vielleicht auch bestimmte Arten von Kinesiologie. Ich möchte auf mögliche Unterschiede zwischen solchen Methoden allerdings nicht näher eingehen und auch nicht darauf, ob die Ansprüche und Erwartungen der Wirklichkeit immer entsprechen. (Zur Ethik weiter unten mehr.)

Bei der geistigen bzw. energetischen Heilung ist es besonders wichtig, darauf zu achten, bei wem du dich gut fühlst, wo du Vertrauen empfindest. Darin zeigt sich nämlich deine geistige Führung, die dir durch sicheres Wohlgefühl zu verstehen gibt, dass du bei dieser Heilerin bzw. diesem Heiler gut aufgehoben bist. Wenn du auf dein Gefühl hörst – bei Auswahl des Heilers und bei den Behandlungen –, kannst du besonders viel lernen.

Lass dich bei deiner Entscheidung, ob du zu einer Geistheilerin oder einem Energetiker gehst, und falls ja, zu welcher oder welchem, von deinem eigenen Gefühl des Vertrauens zu diesem Menschen leiten, und auch vom Ruf der Seriosität, die dieser Mensch hat.

Engelarbeit

Eigentlich eine Selbstverständlichkeit, aber inzwischen muss man ab und zu doch wieder daran erinnern: *Nicht alles ist Engelarbeit, was so genannt wird.* Nicht alle, die mit Engeln arbeiten möchten, die an Engel denken oder zu Engel bitten, sind wirklich offen dafür, dass die Engel durch sie sprechen und wirken. Vieles ist eigene Projektion (oft voller guter Motive, um anderen Menschen zu helfen!). Deshalb sollte man achtsam sein und unterscheiden lernen, welche Informationen, Botschaften und Lehren wirklich aus der lichtvollen Engelwelt stammen und welche gut gemeinte, hoffnungsvolle und dabei häufig durchaus auch fromme Wünsche darstellen. Es wird aber immer Menschen geben, die in Wahrheit, Reinheit und Klarheit die Botschaften der Engel übermitteln können.

Am leichtesten erfährst du in deiner persönlichen Begegnung mit dem menschlichen Engelboten, ob er bzw. sie etwas aus der lichtvollen geistigen Welt übermittelt. Wenn du dich erkannt und verstanden fühlst, auf eine liebevolle und zugleich wahrhaftige Art und Weise, wenn du Hinweise zu Entwicklungsmöglichkeiten erhältst, die für dich stimmig sind, ohne „liebedienerisch" oder „platt" zu sein, so sind das gute erste Anhaltspunkte für die Echtheit.

Es gibt auch bei von mir hier einmal so genannten Engelboten Menschen, die bereit sind, als Übermittler zu wirken (und zu dienen!), aber eben erst am Anfang ihrer Bewusstseinsöffnung und eigenen inneren Klärung stehen. Auch durch solche Menschen können wir wichtige Impulse bekommen.

Bei öffentlichen Vorträgen und Auftritten von Engelboten hilft auch der Leitsatz *„weniger ist mehr"*. Wer tatsächlich einen unmittelbaren und praktisch ständigen Kontakt zur Engelwelt und zu den lichten geistigen Wesen und Ebenen hat, wird das nicht laufend hervorheben, sondern einfach ausstrahlen.

Wenn du ein Buch liest von einem Menschen, der von sich sagt, dass er oder sie im Kontakt mit den Engeln sei, so wirst du aufgrund der Klarheit des Buches, der Zuversicht in das Leben und der praktischen Impulse und ruhigen Hilfen selbst merken, ob das für dich stimmig ist oder nicht.

Am überzeugendsten ist und bleibt es natürlich, wenn du durch solche Engelboten selbst erlernen kannst, eigene Engelkontakte zu erfahren.

Es sei noch einmal betont: Das ist prinzipiell jedem Menschen möglich! Es ist die Aufgabe und der Sinn jedes Menschen in unserer Neuen Zeit, früher oder später für die eigene geistige Führung offen zu sein, um dann gar nicht mehr irgendeiner Vermittlung zu bedürfen. Heute stellt die lichtvolle, geistige Welt nicht den Anspruch an uns und an dich, dass du sofort mit Engeln sprechen, sie sehen oder hören kannst; vielmehr bittet sie dich, dass du die *Bereitschaft* entwickelst, sie wahrzunehmen. Dein Schutzengel reicht dir gewissermaßen die Hand und fragt dich, ob du bereit bist, dich für die lichtvolle geistige Welt zu öffnen.

Ethik: Versprechungen

Leider noch allzuoft werden direkte Heilversprechen gemacht, falsche Hoffnungen geweckt, es wird mit angeblich vorhandenen besonderen Kräften geprahlt (oder auf versteckte Weise scheinbar demütig und doch deutlich aufmerksam gemacht). Viel zu oft wird menschliche Integrität und Seriosität im Umgang mit Klienten und Patienten „zu klein geschrieben". Auch werden offen oder verdeckt immer wieder angebliche Meisterschaft auf irgendeinem Gebiet oder Beauftragung von hohen geistigen Wesen und so fort angepriesen. Ich will das nicht im Einzelnen ausführen, sondern ich möchte dich nur an etwas erinnern, was meines Erachtens notwendig ist (was also hilft, eine Not zu wenden): Ethik ist ein unverzichtbarer Teil jedes Prozesses der Hilfe und Heilung, sowohl bei der körperlichen Therapie wie in der spirituellen Führung. Du wirst deine ethischen Maßstäbe selber besser kennen. Ich möchte dich daran erinnern, sie auch dann nicht zu vergessen, wenn du Hilfe und Heilung suchst oder diese anderen Menschen anbietest. Es ist allemal besser und heilsamer für alle, wenn ein Engelbote, ein Heiler, ein Channel, ein Medium auch einmal sagt: „Heute bin ich nicht gut beieinander. Heute spüre ich keine klare Verbindung." Oder eben etwas Vergleichbares.

Die lichtvolle geistige Welt sagt zum Thema Versprechen: Das einzige Versprechen, dass es für uns Menschen auf der Erde überhaupt gibt, ist, dass Gott uns liebt, dass Gott dich liebt. Die Aufgabe des Helfers, Beraters oder Heilers ist nicht, irgendetwas zu versprechen, sondern zu helfen. Wer etwas verspricht, stellt sich damit über Gott, über die Quelle des Lichtes, über das universelle Bewusstsein und dessen Versprechen, dass wir alle geliebt sind. Ein menschliches Versprechen beinhaltet (auch wenn das nicht sofort augenscheinlich ist) einen Machtanspruch: „Ich kann und will und werde bestimmen, was geschieht."* Also: Wo von Menschen etwas Definitives versprochen wird, ist Vorsicht am Platze.

---

* Daraus leitet sich umgekehrt auch ab, dass Prognosen von Ärzten oder Heilern, dass eine Krankheit unheilbar sei oder dass ein Mensch nur noch soundsolange zu leben habe, Unfug sind. Die Behandler dürfen und sollen behandeln und helfen; Gott oder die Quelle sowie unser eigener Lebensplan haben mit dem Zeitpunkt zu tun, wann wir von diesem Erdenleben in eine andere Dimension gehen.

Und es gilt auch: Jeder Heiler, jede Heilerin ist auf dem Weg. Keiner ist bereits vollkommen. Es dient der Ebenbürtigkeit zwischen Helfer oder Berater und Klienten oder Patienten, sich daran immer wieder einmal zu erinnern.

Ethik: Erwartungen
Falsche eigene Erwartungen führen uns schnell in die Irre. Dann meinen wir vielleicht, dass wir uns Heilung, Erleuchtung oder irgendetwas anderes „erkaufen" können. Dabei legen wir unsere Eigenverantwortung ab und erhoffen von einem anderen Menschen, dass er unsere Wünsche erfüllt. Lange wurde ganz allgemein und gerade auch in den gesellschaftlichen Sozialsystemen wie Krankenversicherung, Arbeitslosenversicherung oder Rentenversicherung die Erwartung geschürt und gehegt, dass „der Staat" es schon richten werde. In der medizinischen Versorgung gibt es ebenfalls diese „Konsumhaltung" zu erwarten, dass der Arzt mir Pille oder Spritze gibt, für die ich zahle (oder über die Versicherung gezahlt habe), und dann kann ich mir Gesundheit einkaufen. Kirchen und religiöse Institutionen haben eine ähnliche Einstellung viele Jahrhunderte hindurch gefördert: „Wenn du dies tust, jenes läßt, der Kirche oder dem Führer etwas spendest, dann kannst du dir damit das Himmelreich sichern."

Du darfst eine Art von Erwartung jedoch sehr wohl immer haben und hegen: Dass Gott dich liebt, dass das Leben dich liebt und dass die gesamte lichtvolle Welt, alle Engel und lichten Helfer dir jederzeit helfen und stets an deiner Seite sind.

Wenn du diese Art von Erwartungen in dir stärkst, so leistest du damit einen wertvollen Beitrag für unsere Neue Zeit, weil du etwas Entscheidendes zur allgemeinen Bewusstseinsänderung beiträgst!

Ein Wort zum Geld. Dass Menschen, die andere Menschen um Beratung, Hilfe und Heilung bitten, dafür auch etwas zahlen – für die Zeit, für den Aufwand, für die Vorbereitungsarbeit, auch für die frühere Ausbildung – ist eigentlich selbstverständlich. So halten es alle Schulmediziner und Psychologen. Dasselbe gilt auch für die eher ganzheitlich und geistig orientierten Beratungs- und Heiltätigkeiten. Ebenso selbstverständlich ist es, dass der Klient *vorher* erfährt, was wieviel kostet, wie lange es dauert und so fort. Wo Scharlatane am Werk sind und „abzocken", kann man das als wacher suchender Mensch mit wenigen Fragen und Beobachtungen meist schnell feststellen. (Übrigens ist es für wirklich geistig bewusste Heiler und Heilerinnen genauso selbstverständlich, in Notfällen ohne Bezahlung zu wirken, aber nur dann!)

Aus der Perspektive der geistigen Welt erinnern die Engel an das Bibelwort *„Gebt, so wird euch gegeben."* Geld ist ein irdischer Wert, der auch als Wert geschätzt werden soll und darf. In der Bezahlung für Hilfeleistungen stecken auch Anerkennung und Wertschätzung sowohl für den Heiler oder die Heilerin wie für dich selbst!

Kontakt mit den geistigen Welten

Ich bin in meinem Leben nicht von äußeren Lehren und Theorien zur Praxis gelangt, sondern habe zunächst viele inneren Erfahrungen auf verschiedenen Bewusstseinsebenen gemacht, vom tiefsten Unbewussten zu höchsten geistigen Lichtebenen. Sobald ich konnte, habe ich alle meine Fragen direkt und unmittelbar an die Engel und andere lichtvolle Wesen gestellt und deren Antworten auch ungefiltert empfangen. Ich habe mich also nicht etwa selbst geschult, sondern bin von der Engelwelt geschult worden. Dafür bin ich sehr dankbar, weil so das, was ich sage und schreibe und in Kursen vermittle, immer aus einer mir gut bekannten und für mich überprüfbaren reinen Quelle stammt.

Mir ist es ein Anliegen und eine Aufgabe, Menschen, die danach streben, zu helfen, ebenfalls Erfahrungen mit lichtvollen Geistwelten zu machen und selbst in Kontakt zu Engeln und Helfern zu gelangen. Ich möchte dabei immer helfen, dass du deine Individualität erlebst und wertschätzt, dass du deinen persönlichen geistigen Weg gehst und dir und den Lichtwelten vertraust und zu jenen Lichtkräften eine eigene Beziehung aufbaust, die dir am besten bei der Erfüllung deines Lebensplans helfen, die sich für dich am besten anfühlen und die sich dir wirklich auch anwendbar zur Verfügung stellen. (Es hat wenig Sinn, sich mit anderen Menschen zu vergleichen oder gar zu denken, „So weit, hoch, tief, schön, gut wie ... werde ich nie kommen ...")

Deshalb muss ich in diesem und im neunten Kapitel sozusagen rückwärts schauen und nachvollziehen, was nach meiner praktischen und konkreten Erfahrung und nach den Empfehlungen der Engel am meisten hilft, für die Lichtwelten und für die „Sprache des Lichtes" durchlässig zu werden. Was ich hier schreibe, beruht also nicht auf den Lehren irgendwelcher Schulen oder Kirchen, sondern auf meinen intensiven persönlichen Erfahrungen sowie den Botschaften der Engel. Schulen und andere Wege haben selbstverständlich jedoch ihre Berechtigung! Manchen Menschen entspricht es eher und mehr, von der Begegnung mit äußeren Lehren und Lehrern zur eigenen inneren Erfahrung geführt zu werden. Es ist ein besonderes Zeichen der Neuen Zeit, dass die lichtvolle geistige Welt auf allen Ebenen und auf praktisch allen Wegen sowie durch fast alle Methoden hilft, dass Menschen, ihrer Individualität entsprechend, ihren eigenen Zugang zum Licht finden.

Folgende Qualitäten oder Eigenschaften braucht man nach meiner Erfahrung, um mit den lichtvollen Kräften aktiv und bewusst in Kontakt zu treten: Intuition, Heilung, Ruhe, Urvertrauen, Wahrnehmungsvermögen, Segnung und Selbständigkeit. Die Entwicklung von Persönlichkeit und Bewusstsein durch diese Eigenschaften erschafft die Voraussetzung dafür, um bewusst und aktiv die Engel zu hören, zu sehen bzw. zu spüren. Die Reihenfolge hier hat keine eigene Bedeutung! Du kannst mit der Eigenschaft beginnen bzw. fortfahren, wie es sich für dich am besten anfühlt.

Intuition: Sprache der Seele

Intuition ist die Fähigkeit, die innere Stimme zu fühlen bzw. zu hören. Jene innere Stimme, die eine Wahrheit vermittelt, die über den Verstand und die Denkmuster hinausgeht. Der Intellekt und der gesunde Menschenverstand sind sehr wichtig, um im irdischen Leben zurechtzukommen. Die Intuition ist notwendig, um offen für die lichten Innenwelten zu werden und dort „zurechtzukommen".

Du entwickelst diese Qualität vor allem – Achtung, es ist viel einfacher und leichter, als die meisten Menschen vermutlich meinen! –, indem du tief in den Bauch atmest, um dich selbst gut zu spüren und wahrzunehmen und so zur Ruhe zu kommen. Damit kommen deine Gedanken und Gefühle zur Ruhe, und du wirst offener für höhere Impulse.

Die Intuition wird zusätzlich sehr gefördert, wenn wir lernen, im Kontakt mit der geistigen Welt und bereits bei der Ausrichtung auf sie unsere eigenen Erwartungen, Ansichten und Wünsche mehr und mehr loszulassen, damit die höheren geistigen Impulse immer besser „durchkommen" können.

Heilung: Bei sich selbst ankommen

Dazu gehört auch körperliche Heilung. Wenn wir körperlich nicht „heil" sind, dann ist das bekanntlich ein Signal dafür, dass auch auf einer anderen Ebene etwas nicht mehr in Ordnung ist. Es ist wichtig, dass Heilung in den Gedanken beginnt, sich in die Empfindungen fortsetzt, um schließlich auch die Handlungen und den Körper zu erreichen und so die Genesung möglich zu machen. Meistens hat ein Mensch, der nicht in Gesundheit lebt, Muster übernommen oder sich diese angewöhnt, sei es pränatal oder später, die nicht der Wahrheit seiner Individualität entsprechen.

Als erstes solltest du dich fragen: Was lebe ich, was mich krank macht? Was entspricht nicht meiner Wahrheit? Welcher Täuschung unterliege ich? Was ist mein Lebensplan? Was ist mein Entwicklungsweg? In diesem Sinne beginnt Heilung auch als eine Heimkehr nach innen, und Heilsein bedeutet, innen, bei sich selbst, angekommen zu sein.

Heilerinnen oder Heiler, die selbst tief in einem Leid stecken, können nicht wirklich nachhaltig andere heilen, bevor sie nicht selbst heil oder zumindest heiler geworden sind. Das heißt nicht, dass sie nicht behandeln sollten; vielmehr ist ja jede Hilfe und Heilung, die ein Mensch einem anderen zufließen läßt, gleichzeitig ein Werkzeug bzw. ein Prozess zur Selbstheilung. Die Heilung auf der inneren Ebene ist für Heiler selbst wichtiger als die äußere Heilung; Heilung sollte von Heilern aber eben auch vorgelebt werden.

Ruhe: Hingebung an Vollkommenheit
Ruhe ist das, was man in unterschiedlichen Meditationsformen und auf vielen spirituellen Wegen als vollkommenes Gleichgewicht, als harmonischen Ausgleich, als ein Ruhen in sich selbst und zugleich in der Vollkommenheit der lichtvollen Welt erfahren kann. Ruhe ist ein Aspekt des vollkommenen Seins. Der Sinn, Ruhe zu ver-

wirklichen und sich Ruhe als Eigenschaft anzueignen, die hilft, den Kontakt zu lichtvollen geistigen Welten aufzunehmen und aufrechtzuerhalten, ist, Ruhe auch im Alltag zu spüren und sogar in hektischen oder schwierigen Situationen in der Mitte, in der Ruhe verankert oder geerdet zu sein und zu bleiben.

Ruhe lernt man durch Atemübungen; siehe weiter unten. Ruhe verankert sich im Menschen, wenn die Impulse der Ruhe und Wahrheit aus den speziellen Zeiten der Meditation oder des Gebets in den Alltag mitgenommen werden. Ruhevolle Aufrichtigkeit sich selbst und dem Leben gegenüber führt dazu, dass sich emotionale und mentale Blockaden auflösen, die sonst die Ruhe weiter behindern.

Die Ruhe, die ein Mensch in sich gefunden hat, strahlt von ihm aus und zeigt sich auch in seiner Aura. Die Aura eines ruhigen Menschen ist besonders groß; sie kann drei Meter und sogar noch größer sein. Sie kann andere Menschen in einem Raum so umhüllen, dass auch sie zu mehr Ruhe finden. Die Aura der Ruhe ist oft beruhigend blau, manchmal auch gemischt mit einem inspirierenden Gelbton oder anderen Qualitäten. Die Aura eines unruhigen Menschen ist sehr klein; vielleicht dehnt sie sich nur etwa zehn Zentimeter über den Körper hinaus aus. Sie ist unförmig, nicht rund; sie kann sogar Zacken aufweisen. Meistens ist sie neblig und weist eher dunklere Farbtöne auf. Sie wirkt eher abstoßend auf andere Menschen. Das sind zwei extreme; meistens sind wir irgendwo dazwischen.

Urvertrauen: Göttliche Verbundenheit

Das ist das Lebensziel jedes Menschen. Die Menschen folgen unterschiedlichen Wegen, und sie haben unterschiedliche Möglichkeiten, Urvertrauen in sich Raum zu geben. Vier wichtige scheinen mir zu sein: Glauben, Verstehen, Handeln und Loslassen.

Urvertrauen kann durch tiefen Glauben an das Göttliche entstehen, an die lichtvollen geistigen Welten, an die lichtvollen Helfer und Engel, an das Leben, an sich selbst und an die Menschen.

Du erlangst Urvertrauen vielleicht zuerst durch Verstehen. Indem du begreifst und zunächst mental nachvollziehst, das Alles mit Allem zusammenhängt, das die Einsicht „wie oben, so unten" für uns gültig ist. Aus dem Verstehen kommt dann unter Umständen ein Impuls, mehr zu glauben oder zu handeln oder loszulassen.

Handeln kann Urvertrauen schaffen, auch wenn wir nichts verstehen oder glauben. Wir tun, wir sehen oder spüren, dass daraus etwas entsteht. Ein Beispiel: Wir reichen einem Menschen in Not unsere Hand, wir helfen, wo es gebraucht wird, wir beginnen eine Reise ins Unbekannte. Und siehe da: Etwas Wunderbares geschieht, wir erleben etwas Schönes, das Leben schwingt und strahlt auf harmonische Weise.

Loslassen ist schließlich eine vierte Möglichkeit, Urvertrauen zu entwickeln. Lass los, probier es einfach einmal aus: Lege deine Sorgen und Ängste Gott, Christus oder den Engeln in die Hände. Übergib deine Frage deinem Schutzengel, bete zu Gott, dass er Ruhe und Geduld in dir stärken möge, etwas geschehen zu lassen, ohne dass du entscheidest und handelst. Recht schön und leicht geht das, wenn du zum Beispiel im Auto sitzt und in einen Stau gerätst, und dann nicht angestrengt überlegst, wie du wieder am schnellsten herauskommst, sondern dich auf die Situation einlässt. Oder wenn du in ein Konzert oder einen Film geraten bist, wo du eigentlich nicht hin wolltest, und dich nun darauf einlässt, es einfach ohne Bewertung anzunehmen und zu genießen. Schwieriger wird die Loslass-Übung natürlich, wenn wir etwas von einem Partner oder Kind oder Elternteil hören, das wir nicht hören wollen, und nun üben, von jeder Bewertung loszulassen. (Im Kapitel über Gebete nenne ich ein Gebet, das hilft, Loslassen zu entwickeln.)

Wahrnehmungsvermögen: Waches Interesse
Die Wahrnehmungskräfte für rein geistige Dinge, die nicht körperlich greifbar sind, wirken bei der Wahrnehmung und Gestaltung von Mythen und Märchen, beim Erleben von Archetypen und Träumen, bei der Formbildung von Symbolen und Zeichen. Darüber hinaus wird ein waches Interesse für feinstoffliche Zusammenhänge gefördert, feine Energien wie Aura und Chakras wahrzunehmen, aber auch lichtvolle Wesen. Eigentlich nehmen wir laufend unsichtbare Dinge wahr, denn wir schwingen uns ja ständig auf Gefühle ein, unsere eigenen und die anderer Menschen, und die sind ja bekanntlich ebenfalls unsichtbar; es geht also nicht nur um Engel!

Diese sensible Fähigkeit, auch unsichtbare Dinge wahrzunehmen, wird allerdings durch Streß, Angst, Sorgen und die Überflutung durch Reize (Lärm, Fernsehen, und so fort) ziemlich abgestumpft.

Du stärkst deine sensible Wahrnehmungsfähigkeit, indem du eine neutrale Haltung einnimmst, indem du sozusagen zum Beobachter des Lebens, auch deines Lebens, wirst (zumindest zeitweise), und indem du dich für das, was geschieht, interessierst, gleich ob es „schön" oder „weniger schön" ist.

Segnung: Göttliches Wirken
In Segnungen ist göttliches Wirken. In Segnungen liegen Chancen zur Entwicklung zum ganzen Menschen, zum heilen und lichtvollen Menschen. Segnungen stellen eine wunderbare Möglichkeit dar, Gutes zu vollbringen und die positiven Eigenschaften in sich und anderen zu stärken. Du säst damit jeden Tag eine gute Saat auf die Erde.

Selbständigkeit: Echte Unabhängigkeit
Wenn du in dir die Wahrheit gefunden hast, wenn du dich selbst als eine Facette dieser Wahrheit erkannt hast, wenn du die anderen Qualitäten, die oben beschrieben sind, auf gewisse Weise schon entwickelt hast, erlangst du Selbständigkeit und echte Unabhängigkeit. Du brauchst dann kaum noch oder gar keine äußeren Lehrer und Lehren mehr; du klammerst dich nicht mehr an irgendwelche Dogmen. Du bist frei und hast deinen Frieden gefunden und lebst ihn.

Der eigene Entwicklungsweg

Den eigenen Entwicklungsweg nennt man heute auch gern „Lebensplan". Man kann das auch mit „spiritueller Persönlichkeitsentwicklung" bezeichnen; früher hieß das Lebenssinn oder Bestimmung. In diesem Buch kann ich auf all das, was zum persönlichen Entwicklungsweg der Seele zählen kann und darauf, welche unterschiedlichen Sichtweisen von Weg und Plan es heute gibt, nicht näher eingehen. Ich möchte jedoch neun quasi archetypische Schritte nennen oder Stadien bzw. Zustände im Verlauf der Erfüllung des eigenen Entwicklungsweges. Sie lassen sich am besten durch fünf Fragen ausdrücken, sowie durch vier Erfahrungen, die du machst, wenn du die fünf Fragen für dich auf deine Weise beantwortet hast. Durch die fünf Fragen schaffst du Ordnung in deinem „äußeren" Leben, um dann die Einsicht und Kraft zu gewinnen, deine Aufgaben zu erkennen und zu erfüllen, also deinen Entwicklungsweg zu vollenden. Du besinnst dich ganz auf die Gegenwart, auf deine Gegenwart, woraus sich dann folgerichtig und wie von selbst deine Zukunft gestaltet.

1. Woran will ich glauben?

Dies ist eine der tief reichendsten Fragen, die ein Mensch sich stellen kann. Diese Kirche glaubt an diesen Gott, jene Religion an jenen. Meine Familie hält diese moralischen Prinzipien aufrecht, die Gesellschaft vielleicht andere. Wird das Leben, wird dein Leben also schon von anderen festgelegt? Woran willst du glauben?

2. Was ist aus mir geworden? Und was will ich sein?

Du siehst dir an, was aus dir heute aufgrund der früheren Glaubensentscheidungen (der freiwilligen und bewußten oder der erzwungenen bzw. übernommenen) geworden ist, was die Glaubensmuster aus dir gemacht haben. Und du spürst dann, ob das stimmig ist für dich oder ob du eigentlich ganz anders sein willst. Sind die Lebensumstände so, wie du sie gern hast? Familie, Partner, Beruf, Kreativität. Schau, was du verändern möchtest und auch leicht verändern kannst. Du wirst erstaunt sein, wie sogar eine rein innerliche Bewusstseinsänderung – zum Beispiel, indem du ein altes unbrauchbares Glaubensmuster ablegst und dich zu einem neuen Glaubensaspekt selbständig entscheidest – äußere Lebensumstände verändern kann, ohne dass du große Aktionen unternehmen mußt.

3. Kann ich mit mir selbst leben? Und kann ich mich dabei selbst lieben?

Wenn du spürst, dass dir an dir selbst etwas nicht gefällt, dann ändere das. Sei bereit, dich zu ändern – damit du dich wieder mehr oder besser noch sogar ganz annehmen kannst, damit du gerne mit dir selbst lebst, damit du dich selbst liebst.

4. Wem nützt mein Verhalten? Wem schadet mein Verhalten?

Erkenne, wie viel Gutes du (für andere und für dich) bewirkst. Erkenne, wie viel weniger Gutes oder Schädliches du (für andere und für dich) bewirkst. Löse dein Problem, löse dich von deinem Muster, ändere dein Verhalten.

5. Welches positive Gefühl lehne ich unbewusst ab?
Beobachte, was dich unruhig macht. Beobachte, was dich aus dem Gleichgewicht bringt oder deine innere Harmonie stört? Welche Qualität brauchst du, welche Eigenschaft solltest du mehr stärken? Vielleicht Vertrauen, Mut, Liebe, Selbstwert, Souveränität? Mach dir darüber Gedanken, fühle dich ein und nimm dir vor, eine Zeit lang an der Qualität, die du wohl am meisten brauchst, täglich zu arbeiten.

6. Erfüllung im inneren Sinn
Wenn du mit den fünf Fragen eine gewisse Zeit gearbeitet hast, wirst du nun deiner wahren Individualität näher gekommen sein. Damit verstehst du dein Leben besser, weil du im Frieden mit der Umwelt und mit dir selbst bist. Du hast eine Ordnung in deinem Leben, die für sich richtig ist und einen gewissen Grad an Zufriedenheit gewonnen. Das ist die Grundlage, damit du auch deinen Lebenssinn erkennst und ihn erfüllst.

7. Erweiterung deines Horizonts
Das Alte ist inzwischen vorbei; du ruhst in dir selbst. Nun ist Raum und Zeit, dass sich das Neue entwickelt. Dies ist ein Stadium, welches man mit der unsichtbaren Wachstumsphase einer Pflanze vergleichen kann, bevor sie aus dem Samen durch die Erdkrume sichtbar an die Luft kommt und sich der Sonne entgegenstreckt.

8. Neue innere Freiheit
Du bekommst jetzt Impulse, was für dich individuell richtig und wichtig ist. Und du erhältst in diesem Stadium den Mut und die Kraft, es zu verwirklichen, auch wenn Umstände, Familie oder Freunde bzw. Gesellschaftsnormen dem widerstreben.

9. Bewusste reife Lebensgestaltung
Du wirst kreativer und vor allem produktiver. Du spürst, wie du bewusst und aktiv schöpferische Impulse umsetzen kannst. Du bildest eine reife, individuelle Lebensgestaltung aus. Du wirst bereit, von der lichtvollen geistigen Welt weitere Aufgaben übertragen zu bekommen.

Atemarbeit
Ich bin immer für sehr einfache Hilfen und Mittel. So auch bei der Atemarbeit. Die Atmung bringt uns die feinstofflichste Energie, die wir rhythmisch aufnehmen und wieder abgeben. In Indien heißt diese Kraft auch Prana (daher spricht man im Yoga von *Pranayamas*, von Atemübungen); im Westen kann man diese Kraft auch Od nennen oder anders.

Bewusste Atemarbeit führt zu einer vertieften und ganzheitlicheren Selbstwahrnehmung und zugleich auch zu mehr Ruhe. Beides dient der Ausbildung der Empfänglichkeit für Impulse aus den lichtvollen geistigen Welten. Nach meiner Beobachtung atmen Kinder bis zum Schuleintritt hauptsächlich ganz natürlich und vor allem auch aus dem Bauch bzw. in den Bauch hinein. Später dann vollzieht sich ein Wandel hin zu einer meist deutlich überbetonten Brustkorbatmung. Vermutlich geschieht das wegen des Erwartungs- und Leistungsdrucks, den Kinder dann erleben.

Meine Erfahrung ist, dass eine bewusste, gezielte Bauchatmung ein sehr wirksames und schönes Mittel ist, um wieder mehr in die Ruhe zu kommen und richtig zu handeln. Und das stärkt das Vertrauen in das Leben und das Selbstvertrauen, was beides wiederum die Aufnahmefähigkeit für feine geistige Impulse fördert.

Ich schlage vor, diese einfache Atemübung mindestens einmal am Tag durchzuführen oder immer dann, wann man spürt, sie zu brauchen. Nimm dir zumindest für die tägliche Übung fünfzehn Minuten Zeit.
- Du setzt dich bequem hin. Du kannst dich gern anlehnen.
- Schließe die Augen.
- Beobachte, wie du jetzt atmest (siehe auch die folgende Übung).
- Atme sanft, aber tief hinein in den Unterbauch. Stelle dir vor, dass du die Einatmung sanft und tief dort hineinlenkst.
- Während du diese Art der bewussten Einatmung durchführst, werden vermutlich alle möglichen Gedanken auftauchen. Du kannst sie wahrnehmen, aber ohne dich daran festzuhalten. Lass sie einfach auftauchen, sie vergehen dann auch wieder von selbst, wenn du deine Aufmerksamkeit auf die sanfte und tiefe Einatmung in den Unterbauch gerichtet hältst und dir sagst: „Die Gedanken sind unwichtig."

– Das Gleiche gilt für das Auftauchen von Gefühlen.
– Atme weiter in diesem sanften Rhythmus: du wirst merken, dass sich der Strom der Gedanken und Gefühle beruhigt und immer kleiner wird. Du wirst zugleich ruhiger und fühlst dich immer mehr als eine Einheit und Ganzheit.

Atembeobachtungsübung
Vom ersten Moment der körperlichen Existenz bis zum letzten bestimmt der Rhythmus von Ein- und Ausatmung unser Leben. Nicht umsonst kennt der Volksmund die Begriffe vom ersten und vom letzten Atemzug. Menschen können einige Wochen ohne feste Nahrung leben, einige Tage sogar ohne Flüssigkeit und Schlaf, aber nur wenige Minuten, ohne zu atmen.

Unsere Atemweise wird durch eine Vielzahl von Faktoren bestimmt: durch die äußere Haltung, Konstitution, Alter, Gesundheitszustand, psychische Belastungen, vor allem aber durch unsere Bewusstseinshaltung. In der folgenden Übung geht es um den natürlichen Atemfluss, nicht um die absichtsvolle Lenkung und Beeinflussung der Atmung. Wenige Menschen atmen noch natürlich, Fehlatmungsformen sind uns so zur Gewohnheit geworden, dass wir sie noch nicht einmal als solche erkennen.

Eine natürliche Atmung wird zu einem wichtigen Fundament für unser Wohlbefinden, für Intuition und Meditation – weil Körperfunktionen damit quasi automatisch harmonisch ablaufen und unsere psychische Situation positiv beeinflusst wird. Unsere Atmung soll wieder so natürlich werden, dass sie eine unwillkürliche

Stütze für unseren Lebensweg wird, ohne unser Bewusstsein ungebührlich zu beschäftigen.

Irdisches Leben ist Rhythmus, ist Austausch und Balance zwischen Yin und Yang, Spannung und Lösung, Bewegung und Ruhe, Aktivität und Passivität, Werden und Vergehen. Leben ist zyklischer Wandel, die Atmung ist Träger irdischer Lebenskraft. Gelöste Tiefe, entspannte Regelmäßigkeit und wache Ruhe sind Kennzeichen des natürlichen Atems. Wie der Herzschlag Hinweise auf Harmonie oder Disharmonie in unserem Leben gibt, so lässt der Atemrhythmus ebensolche Rückschlüsse zu.

Eine natürliche Atmung besteht dann, wenn der Atem frei und ungehindert fließen kann, ohne vom Ichwillen oder durch unbewusste Stressimpulse beeinträchtigt zu werden. Natürliche Atmung heißt ein Höchstmaß an Atemtiefe, Atemfreiheit und Weiträumigkeit der Atembewegung in Anpassung an den jeweiligen Zustand unserer Gesamtverfassung und an die äußeren und inneren Gegebenheiten. Natürliche Atmung besteht, wenn wir voll und gesund atmen und Verbrauchtes gegen Neues tauschen, ohne dass wir auf die Atmung achten müssen.

Atembeobachtung*
– Du setzt dich entspannt und bequem hin, bleibst aber wach und aufmerksam. Du kannst die Augen schlie-

---

* Vom Koautor aus dem Buch „Meditation" (Lüchow Verlag); bearbeitet und nach den Anleitungen der leider schon verstorbenen bedeutenden Yogalehrerin Anneliese Harf aus München.

ßen oder sie offen lassen (die Übung fällt meist leichter, wenn du sie schließt).
- Atme dreimal hörbar tief durch die Nase ein, und schnaufe regelrecht durch den Mund sehr tief aus. (Anneliese Harf nannte das den „Dampfkesselatem".) Damit lässt du die Alltagsgedanken bewusst los; wahrscheinlich merkst du schon jetzt, wie du dich etwas entspannst und sich vor allem deine Schultern leicht senken.

Nun beobachtest du deine Atmung, aber ohne je etwas zu verändern, zu machen, zu beurteilen ... Du schaust nur zu, du spürst nur hinein: Wie ist das jetzt mit der Atmung? Wenn sich während der folgenden Beobachtungsübung die Atmung von sich aus verändert, so lass es geschehen, aber beabsichtige es nicht, mach es nicht. Es gibt kein Richtig oder Falsch, kein Gut oder Schlecht!

- Wie lang oder kurz oder mittellang ist meine *Einatmung*? Wie tief oder flach oder mitteltief ist sie? Beobachte dies fünf Atemzüge lang.
- Wie lang oder kurz oder mittellang ist meine *Ausatmung*? Wie tief oder flach oder mitteltief ist sie? Beobachte dies fünf Atemzüge lang.
- Gibt es nach der Einatmung, bevor ich wieder ausatme, eine Pause? Falls ja, wie lang oder kurz ist sie? (Mache nichts; es ist sowohl okay, dass es eine Pause gibt, wie auch, dass es keine gibt!)
- Gibt es nach der Ausatmung, bevor ich wieder ausatme, eine Pause? Falls ja, wie lang oder kurz ist sie?

- Wenn ich einatme: Wo im Körper spüre ich den ersten Impuls zur Einatmung? In der Nase, im Mund, im Hals, im oberen Brustkorb, im unteren Brustkorb, im Bauch, im Unterbauch? (Erneut: Es gibt kein Besser oder Schlechter, kein Richtig oder Falsch. Mache nichts, sondern spüre nur.)
- Als Letztes beobachtest du: Wer oder was atmet eigentlich in mir? Welche Kraft ist das? Bin das Ich? Ist es das Selbst? Ist das ein nicht weiter bestimmbares Es?
- Dann atme wieder dreimal tiefer durch die Nase ein und durch den Mund tiefer aus, spüre in deine Gliedmaßen und den ganzen Körper hinein, erinnere dich, dass du in und mit dem Körper hier sitzt und wende deine Aufmerksamkeit wieder ganz dem Leben jetzt zu.

7.

GEBETE UND SEGNUNGEN

Warum Gebete und Segnungen wichtig sind und wie sie wirken

Gebete und Segnungen zählen vermutlich zu den ältesten Heilkräften überhaupt. Sie sind aus allen Kulturkreisen und Religionen bekannt. Wenn Worte mit Gefühlen verbunden werden, um damit auf die Ebene der Tat, der irdischen Verwirklichung zu kommen, dann ist das ein konkreter Schritt, um unseren Zielen näher zu kommen. Gebete und Segnungen sind eine Heilmethode, die wir selbst ausüben können. Sie bringen Klarheit und führen zur Eigenverantwortung und Selbständigkeit. Und das im Sinne eines ganzheitlichen Bewusstseins, da wir einerseits selbst aktiv werden, und uns andererseits die enge Verbindung mit kosmischen und höheren Kräften bewusst machen, die wir ja anrufen.

Bei *Gebeten* bitten wir um Hilfe und Heilung aus einer höheren Ebene und mit höheren Kräften. Diese sind zwar auch in uns, aber wir haben sie, zumindest jetzt, nicht aktiv zur Verfügung. Deshalb bitten wir darum, dass diese Kräfte uns in bestimmten Situationen stärker zufließen bzw. deutlicher spürbar und nutzbar werden.

Ich empfehle, dass du deine Gebete an die Engel und die lichtvolle geistige Welt richtest. Dabei betest du Engel nicht an, sondern bittest um ihre Hilfe. Warum empfehle ich nicht, zu Gott zu beten oder zur Christuskraft? Weil wir mit Engeln leben und sie mit uns, sie sind unserer Ebene und unserem Verstehen nahe genug, dass wir wirklich Kontakt zu ihnen aufnehmen können. Das gilt auch für Menschen, die einen gewissen Zugang zur „lichtvollen geistigen Welt" haben. Gott indes und auch die Christuskraft sind uns weder näher noch weiter als die Engel, sondern sie sind überall. Wenn wir unsere Gebete nun an sie richten würden, dann würden wir (vergeblich) versuchen, diese allgegenwärtige, allwissende und allmächtige und dabei formlose (!) Kraft zu „verkleinern" und an einen Ort zu „bannen". Das würde jedoch nur dazu führen, dass wir uns in unseren eigenen begrenzten Vorstellungen und Projektionen verlören, was und wo Gott und die Christuskraft sind. Das wiederum würde unseren Gebeten sehr viel von ihrer Kraft nehmen.

Die Engel jedoch und lichtvollen Wesen sind in Kontakt mit uns, sie haben durchaus eine (wenn auch feinstoffliche) Gestalt, und sie übermitteln uns die auf unsere Ebene „heruntertransformierte" göttliche Kraft – und wenn wir darum ausdrücklich und herzlich bitten, erfahren wir Hilfe und Heilung um so wirkungsvoller.

Um wirkungsvolle Gebete zu sprechen, solltest du dir zuerst darüber klar werden, worum du bitten möchtest. Dann formulierst du diese Bitte so verständlich und schlicht wie möglich. Es kommt nicht dabei auf vermeintlich heilige Ausdrucksformen an, sondern um echte Unmittelbarkeit. Meine Erfahrung ist, dass Gebete am besten gedanklich gesprochen werden, weil das Empfinden dabei stärker ist, als wenn man Gebete hörbar vor sich hin spricht (was leicht zu einem „mechanischen Abspulen" führen könnte). In akuten Zuständen kannst und sollst du dein Gebet so oft mental sprechen, mit Hingabe aus dem Herzen, wie du an das Thema oder Problem denkst, worauf sich dein Gebet bezieht.

Bei eher lang anhaltenden, „chronischen" Problemen empfehle ich, das jeweilige Gebet zunächst drei Wochen drei Male am Tag mental zu sprechen, morgens, mittags und abends. Danach drei Wochen lang nur zwei Male sprechen, morgen und abends. Schließlich sprichst du weitere drei Wochen lang das entsprechende Gebet nur noch einmal am Tag, nämlich morgens.

Eine *Segnung* ist deine Bereitschaft, dass du mit deiner Seele, mit deinem Geist, mit deinem Bewusstsein, das sich mit der ganzen göttlichen Schöpfung verbunden weiß, lichtvolle Kräfte durch dich hindurch aktiv fließen zu lassen, um einem Menschen, einem Tier, einem Projekt zu helfen, deren Entwicklung zu fördern bzw. zu heilen.

7. Gebete und Segnungen

Wenn ich als Mensch ein Projekt oder einem Menschen im Alltag meinen Segen ausspreche, dann wird dieser Mensch oder dieses Projekt von einem rosafarbenen Kreis umhüllt und weiter begleitet. Ein Beispiel: Ich segne morgens meine kleine Tochter zum Beispiel mit den Worten: „Ich bitte um Segen für dich, und meine Liebe begleitet dich den ganzen Tag." Dann sehe und spüre ich sowohl den rosafarbenen Kreis, der sie begleitet und hütet, auch wenn ich nicht körperlich anwesend bin, der aufgrund meiner Segnung entsteht. Aber, da ich vorher die lichtvolle geistige Welt auch um Segen für meine Tochter gebeten habe, entsteht um sie ein zweiter, noch größerer lichtvoller Kreis, der silbrige Farbe hat und aus der Ebene von Erzengel Uriel stammt.

Segnungen außerhalb des Alltags sind zum Beispiel Taufen, Hochzeiten, Beerdigungen, aber auch Einzug in eine neue Wohnung oder ein neues Haus, der Beginn an einer neuer Arbeitsstelle. Auch wenn es banal klingen mag: selbst neue Autos kann man segnen. Zwei Taufen habe ich selbst begleitet und durchgeführt, für meine Tochter im Familienkreis, ohne Kirche und Pfarrer. Und ich wurde neulich von einer freien christlichen Gemeinschaft gebeten, einer Frau im mittleren Alter zu taufen, indem ich ein Taufritual vollzog. Bei beiden Taufen wirkte die lichtvolle geistige Kraft durch mich und segnete. Ich war lediglich die Vermittlerin. Es entstand ein lichtvolles, großes Kreuz in diesen beiden Menschen als Symbol für den Ausgleich zwischen Geist und Stoff, oben und unten, und als intensivere „Anbindung" an das Göttliche auf allen Ebenen.

Obwohl die Segnung durch hohe lichtvolle Kräfte vermutlich viel „stärker" wirkt, ist es wesentlich, dass auch wir selbst immer wieder segnen und die Segnung „üben". Teil unserer Entwicklungsaufgabe hier auf der Erde ist, mehr Licht und Liebe zu erfahren und durch uns in die gesamte Schöpfung fließen zu lassen. Das kann man „üben"! Falls du dich vielleicht viel zu „klein" oder zu „unrein" fühlst, um selbst irgendetwas segnen zu können, so steckt dahinter höchstwahrscheinlich ein besonders gut getarntes Ego, dass deine seelischen und geistigen Kräfte daran hindern möchte, sich für ihr größeres göttliches Potenzial zu öffnen. Dann solltest du zumindest damit anfangen, dein Essen zu segnen – zum Beispiel, indem du deine Hände sanft darüber hältst und sonst nichts weiter tust.

Wie entscheidend Segnungen sind, möchte ich noch einmal vielleicht deutlicher an einem Beispiel erklären. Meine Aufgabe als Mutter ist nicht damit erledigt, dass ich für Essen, Trinken, Kleidung, ein Dach über dem Kopf und Kuschelwärme, Spielen und Erziehung und Bildung sorge. Vielmehr gehört auch die bewusste geistig-seelische Zuwendung und Segnung dieser Seele durch mich – sowohl durch mich als Seele als auch als Persönlichkeit – zur Erfüllung meiner irdischen Aufgabe als Mutter. Anders gesagt: Einer der Schwerpunkte, sogar der Gründe, warum wir auf der Erde leben, ist, um sie und alle ihre Geschöpfe zu segnen. Je mehr und bewusster wir segnen, desto offener werden auch wir für die himmlischen Segenskräfte!

Konkrete Vorschläge für unterschiedliche Lebenssituationen und Umstände

Einige ganz konkrete Vorschläge für Gebete und Segnungen möchte ich dir hier vorstellen. Sie stammen aus meiner Arbeit in der Beratung, in Seminaren und Heilerkursen und haben sich gut bewährt. Bitte bleibe aber dafür offen, dass du vielleicht ganz eigene Impulse bekommst, wie du deine persönlichen Gebete und Segnungen gestaltest. Ein schönes Ziel wäre es, dass du mehr und mehr deine eigenen Gebete und Vorgehensweisen entwickelst. Manche Gebete und Segnungen habe ich von den Engeln empfangen, andere intuitiv und aufgrund von Erfahrung selbst entwickelt.

Selbstverständlich darfst du die folgenden Gebete und Segnungen verändern, wenn du dann einen besseren Zugang dazu findest. Ich habe jedoch die Erfahrung gemacht, dass sie so, wie sie hier niedergelegt sind, am wirksamsten sind.

Vergebungsgebet

Ich vergebe dir, was du getan hast, bewusst oder unbewusst.
Ich bitte dich, mir zu vergeben, was ich getan hab, bewusst oder unbewusst.

Ich bitte alle Menschen, dir zu vergeben,
was du getan hast, bewusst oder unbewusst.
Ich bitte dich, allen Menschen zu vergeben,
was sie getan haben, bewusst oder unbewusst.
Ich bitte alle Menschen, mir zu vergeben,

was ich getan habe, bewusst oder unbewusst.
Ich vergebe allen Menschen, was sie getan
haben, bewusst oder unbewusst.

Ich bitte Gott, dir zu vergeben, was du getan
hast, bewusst oder unbewusst.
Ich bitte Gott, mir zu vergeben, was ich getan
habe, bewusst oder unbewusst.

Und ich vergebe mir, was ich getan habe,
bewusst oder unbewusst.
Amen.

Vergebungsgebete sind in zwei Situationen angeraten: Erstens, wenn du einen Streit hattest, der dich immer noch quält und du das für dich lösen möchtest. Zweitens, wenn du einen alten Groll hegst, zum Beispiel in Bezug auf deine Eltern und es aber keinen aktuellen Anlass oder Vorfall gibt, du allerdings eine unbestimmte depressive Grundstimmung in dir spürst. Vergebungsgebete „funktionieren", auch ohne dass du dir beim Einleitungssatz: „Ich vergebe *dir* ..." einen Namen oder ein Gesicht zum „dir" denkst. Die Kräfte der Vergebung fließen von selbst dorthin, wo sie gebraucht werden.

Es wäre gut, dieses Gebet nicht zu kürzen, denn es entfaltet seine starke Wirkung erst dann voll, wenn es tatsächlich ganz mental gesprochen wurde.

7. Gebete und Segnungen

Schutzgebet vor dunklen Mächten
*Gottes Liebe erfüllt meine Seele,
ich lasse alles Dunkle los,
ich lasse alles Dunkle gehen.*

Dieses Schutzgebet verwendest du dann, wenn du weißt oder vermutest, dass ein dunkler Zauber, Magie oder „Voodoo" auf dich gerichtet wurde bzw. wird. Du musst nicht genau wissen, von wem es ist oder um welchen Zauber es sich dabei handelt.

Dieses Gebet hilft dir, in den Schutz der absoluten Liebe hineinzugehen, und alles, was der andere dir sendet, prallt an dir ab bzw. wird ihm automatisch zurückgesandt, als ob er damit auf einen Spiegel träfe, damit der Sender damit aufhören möge. Ich bin durch Dr. Joseph Murphy darauf gestoßen, der das „Positive Denken" entwickelt und verbreitet hat.

Befreiungsgebet für Sterbende und Verstorbene
*Schaue nach oben in das Licht
und folge den Engeln!*

Wenn du eine sterbende Person begleitest, oder wenn du Kenntnis davon erhältst, dass jemand, der dir nahe stand, verstorben ist, so ist dies ein zwar recht einfach anmutendes, aber doch sehr wirksames Gebet. Seelen von Verstorbenen können sich bei dir auch in deinen Träumen melden oder einfach in deiner Gedankenwelt auftauchen, anscheinend also nicht „von sich aus", sondern, weil du an sie denkst. Das sind Signale, dass du ihnen mit einem solchen Gebet helfen kannst, weiter auf ihrem Weg ins Licht zu gehen.

Schutzgebet

Wenn du in reiner Liebe gekommen bist,
darfst du bleiben.
Wenn du nicht in reiner Liebe gekommen bist,
musst du dorthin zurückkehren,
wo du her kamst oder nach oben in das Licht
schauen und den Engeln folgen.

Dieses Schutzgebet ist für sensitive Menschen gedacht, die spüren, dass irgendeine Energieform anwesend ist, aber nicht wissen oder noch nicht einordnen können, ob es sich um ein lichtvolles Wesen handelt, um ein dunkles Geistwesen, das täuschen oder besetzen will, oder um die Seelegestalt eines Verstorbenen, die erlöst werden möchte.

Wenn es ein reiner Engel ist, der in Liebe gekommen ist, dann darf er ja bei dir bleiben und dich unterstützen. Wenn es allerdings ein dunkles Wesen ist, das nicht in reiner Liebesabsicht gekommen ist, so muss es dorthin zurückkehren, woher es gekommen ist. Denn diese Wesen wollen bzw. können meistens (noch) nicht in das Licht, und deshalb müssen sie zurückgeschickt werden. Wenn es ein Verstorbener ist, dann darf er in das Licht schauen und den Engeln folgen.

Schutzgebet vor lebenden, dir bereits bekannten Personen

*Wenn du in reiner Liebe bist,
darfst du mir begegnen.
Wenn du nicht in reiner Liebe bist,
musst du mir aus dem Weg gehen.*

Besonders wirkungsvoll ist dieses Gebet in Situationen, in denen zum Beispiel im Berufsleben Mobbing praktiziert wird oder in denen du nicht sicher bist, ob es ein Freund, Verwandter, Geschäftspartner oder Klient wirklich gut mit dir meint. Nach der wiederholten Anwendung dieses Gebets (drei Male am Tag, bis sich das Thema oder Problem gelöst hat) wirst du merken, dass die betreffende Person dir gar nicht mehr begegnet bzw. dich sogar meidet oder sich Terminvereinbarungen mit solchen Personen quasi von selbst erledigen, ohne dass du sie abgesagt hättest.

Schutzgebet vor lebenden, dir nicht bekannten Personen

*Alle Menschen, die in reiner Absicht kommen,
dürfen den Weg zu mir finden.
Alle Menschen, die nicht in reiner Absicht
kommen, dürfen diese/meine Türschwelle
nicht überschreiten.*

Dieses Schutzgebet hilft vor allem Menschen, die in der Öffentlichkeit stehen und viel mit anderen, ihnen meist ja unbekannt bleibenden Menschen zu tun haben. Wenn du es regelmäßig anwendest, wirst du wachsam im Hinblick auf andere Menschen und nimmst ihre positiven und negativen Eigenschaften und Motivationen deutlicher wahr. Durch diese bewusste Haltung, die du gewinnst, wird es automatisch nicht mehr zu Begegnungen mit Menschen kommen, die dir nicht gut tun oder dir nicht wohlgesonnen sind, bzw. solche Begegnungen werden sehr viel weniger.

Unabhängigkeitsgebet
Ich habe mein Glück in mir gefunden.
Ich wünsche dir, dass du deines in dir findest,
denn bei mir ist es nicht.
Nimm die Hand deines Engels und folge ihm
in das Licht!

Dieses Gebet sprichst du, wenn aus einer Freundschaft, einer Partnerschaft, einer Familienbeziehung (Mutter-Kind oder Vater-Kind) oder aus einer anderen persönlichen Beziehung (zum Beispiel Therapeut-Klient) eine Abhängigkeit geworden ist. In einer Abhängigkeitssituation kommt es zu unterschiedlichen „Spielchen" oder „Zwangshandlungen", in deren Verlauf ein Mensch vom anderen Energie saugt oder „stiehlt". Und das ist keineswegs immer oder vor allem der Stärkere, von dem der Schwächere anscheinend abhängig ist, sonder häufig ist der schwächere Mensch in Wahrheit der Energieräuber, obwohl er das oft durch eine vermeintliche Opferrolle kaschiert. Wenn eine Mutter täglich bei den erwachsenen Kindern anruft, oder wenn sie darauf besteht, zum Beispiel jeden Sonntag nachmittag zum Kaffee zu kommen (damit sie so ihr Interesse und ihre „Liebe" für die Kinder auch zeigen kann), und du dich aber hinterher völlig ausgelaugt fühlst, dann bist du auf unangemessene Weise gedrängt worden, „Liebe" zu beweisen. Das Unabhängigkeitsgebet ist auch in solchen Situationen sinnvoll. Du sprichst dieses Gebet vor und während eines Telefonats, vor und nach einem derartigen Besuch, und auch immer, wenn du anscheinend grundlos an die betreffende Person denken musst (weil das auch eine Form ist, wie Menschen Energie von dir saugen können). So bewahrst du deine Stärke für dein Leben, und du übergibst den Menschen an die lichtvolle geistige Welt, die wirklich für ihn zuständig ist, da du es nicht bist.

Abgrenzungsgebet
*Nimm so viel Kraft, wie du brauchst,
aber lass mir so viel, wie ich nötig habe.*

Du benutzt es, wenn du in einem Gespräch merkst, dass du immer müder wirst und der andere immer wacher und stärker. Das ist ein Zeichen dafür, dass du Energie abgibst und der andere diese Energie aufnimmt oder von dir abzieht (was meistens jedoch diesem Menschen nicht bewusst ist!). Um das zu unterbinden, sprichst du dieses Gebet mental und gelangst wieder in deine eigene Mitte. Der andere Mensch kann die Menge an Energie, die du vom Kosmos zu reichlich bekommst, gerne haben, aber nicht jene Energie, die du selbst für dich brauchst. Dieses Gebet kannst du auch vor dem Arbeitsbeginn sprechen.

Begleitungsgebet
Mein lieber Schutzengel,
gehe vor mir und ich folge dir!

Wenn du dich vor einer Reise, einem Gespräch, einem Umzug, den Ferien, dem Beginn eines Projektes irgendwie unsicher fühlst, so sprichst du dieses Gebet einmal vor dem Vorhaben. Ich empfehle Eltern, dieses Gebet ihren Kindern beizubringen. Das kann zu einer schönen, heilsamen und wirkungsvollen Begleitung für das Kind werden – sein ganzes Leben hindurch. Es wird schon früh sein Urvertrauen stärken.

Behandlungsgebet von Erzengel Raphael
Ich glaube an die Liebe,
ich glaube an das Licht,
der heiliger Geist umgibt mich.

Wenn du bereits Heilarbeit ausübst, durch Handauflegen oder energetische Arbeit, und du dich vor, während und nach der Heilarbeit klären und reinigen möchtest, dann nutze dieses Gebet von Erzengel Raphael. Dieses Behandlungsgebet dürfen (und sollen) sowohl Behandler als auch Klient sprechen, jeweils in Gedanken für sich. Zusätzlich sollte die folgenden Gebetssätze angeschlossen werden.

Mein lieber Schutzengel,
nimm mir die Blockaden weg, die ich für
meine Entwicklung nicht mehr brauche.
Amen.

7. Gebete und Segnungen

Diesen Satz spricht entweder der Klient nach dem Behandlungsgebet für sich selbst oder du als Heiler oder Heilerin für ihn bzw. für sie.

*Christuskraft in mir verbindet sich
mit der Christuskraft in dir und heilt dich!*

Diesen Satz spricht der Behandler, damit er bzw. sie während der Behandlung nicht in Gedanken abschweift und dadurch den Lichtfluss schwächen würde. Der Behandler hält damit auch seinen eigenen Schutz und seine Achtsamkeit aufrecht.

Energetische Fernbehandlung
*Liebe Engel, ich bitte um Heilkraft für … .
Die Christuskraft in mir verbindet sich mit der
Christuskraft in dir und heilt dich.*

Für Menschen, die Fernbehandlungen praktizieren, ist das Gebet oben gedacht. Für Menschen, die sich selbst Hände auflegen oder behandeln, das nächste.

Energetische Selbstbehandlung
*Ich bitte um Heilkraft.
Die Christuskraft in mir ist Heilung.*

Lösungsgebet
*Liebe Engel, helft mir, das Thema anzugehen
und umzusetzen. Löst die Dinge für mich,
denn ihr könnt es besser.*

Es ist wichtig, Themen und Probleme, bei denen dir die Hände gebunden sind, an die lichtvolle geistige Welt abzugeben. Damit entkrampfst du dich und verschlimmerst die Situation nicht durch deine Sorgen und Ängste noch unnötig. Dieses Gebet stärkt deinen Glauben daran, dass die Engel das richten können, was nicht in deiner Macht liegt.

Segnung für deinen Lebensweg
*Liebe lichtvolle geistige Welt, liebe Engel,
ich bitte um Segen und Reinigung meines
Lebensweges und segne diesen auch selbst.
Amen.*

Drei Dinge halte ich für die menschliche Entwicklung wichtig; eines davon ist die täglich wiederholte Segnung deines Lebenswegs. Das zweite ist der tägliche Kontakt zum Schutzengel und die Annahme einer stimmigen Haltung für den Tag, und das dritte ist der Kontakt zum Erzengel des jeweiligen Tages.

Es ist sinnvoll, den eigenen Lebensweg sich wie einen Lichtstrahl zu vergegenwärtigen bzw. vorzustellen, der sich nach vorn, in die Zukunft, richtet. Du schaust dir an, wie dieser Weg bzw. Lichtstrahl aussieht, was er dir zeigt – zum Beispiel welche Hindernisse oder welche Möglichkeiten. Dann bittest du zunächst die lichtvolle geistige Welt um Segen für deinen Weg, und dann segnest du deinen Weg und dich bewusst auch selbst.

Du wirst feststellen, dass eine solche Segensbitte und die eigenen Segnung deinen Weg durch das Leben und in das Licht viel leichter macht. Durch diese Handlung der

Segnung wirst du dich als besser vorbereitet erleben bei der Überwindung von Hindernissen, zur Annahme von Herausforderungen und beim Nutzen von Chancen. Du wirst merken, dass du mit Hilfe von Segnungen auch aktiv an der Gestaltung deiner Zukunft mitarbeitest und mitarbeiten sollst und kannst. Du kannst dich dann leichter von bequemen Gewohnheiten und Opfermustern lösen und deine schöpferische Kreativität verwirklichen.

Segnung für Kinder
Liebe Engel, ich bitte um Segen für ...
(Vorname).
Meine Liebe begleitet Dich.

Wenn du dein Kind segnest, erfüllst du es auch mit der wahren energetischen Kraft der Liebe, du „sättigst" dein Kind damit, du schützt es auf allen Ebenen.

Segnung in Notsituationen
Liebe lichtvolle geistige Welt, liebe Engel:
Ich bitte um Segen und Heilkraft für ...
(Namen der Person mental einfügen).
... (Name der Person), finde deinen Weg,
indem du nach oben ins Licht schaust
und dich von den Engeln leiten läßt.
Du wirst geliebt.

Diese Segnung kannst du immer dann (mental) sprechen, wenn du einem Menschen, der in Not ist, der unter äußeren oder inneren Dingen leidet, Segen wünschen möchtest. Du kannst die Segnung immer dann mental aussprechen, wenn du an ihn denkst und ihm oder ihr etwas Gutes „tun" willst.

Segnung von Räumen
Liebe Engel, seid bei uns und in unserem
Wirken.
Segnet diesen Raum und unser Tun.
Amen.

Materie ist eine Form von Energie. Materie soll dich in deinem Leben fördern und begünstigen. Deshalb sollte man es nicht nur nutzen oder „benutzen", sondern auch als eine lebendige Kraft würdigen und anerkennen. Umso besser wirken die Funktionen der Materie – bei Räumen also, dass sie dann besser schützen, dich besser dort leben oder arbeiten lassen, dich dort wohler und sicherer fühlst und dann auch deine Kräfte für mehr und lichtvollere Aufgaben nutzen kannst. So kannst du oft auch Unfällen vorbeugen, du wirst achtsamer und wachsamer für Räume und Dinge.

Du kannst diese Segnung auch für deine Arbeitsstätte, dein Auto, deinen Garten und sofort entsprechend umformulieren.

Nun noch ein weiteres Bitt- und Segensgebet. Wenn du nach einem Gespräch mit einem Freund oder Klienten oder nach einer Behandlung das Gefühl hast, dass er oder sie zusätzlich gut einen lichtvollen Begleiter gebrauchen könnte, so erlaube dem Licht, die Form eines

Lichtwesens anzunehmen, die für diesen Menschen am stimmigsten ist. Das Gleiche gilt auch als Hilfe vor einer Schulprüfung oder für ähnliche Situationen.

Gebet für die Entstehung eines Lichtwesens oder Engels

*Ich bitte das göttliche Licht, die Engelform anzunehmen, welche für .... (Name des Menschen, um den es geht) wichtig ist.
Gehe zu diesem Menschen und unterstütze ihn, solange er dich braucht.
Wenn er dich nicht mehr braucht,
so kehre zu mir in reiner Energie zurück oder
gehe wieder zurück zur Quelle des Lichtes.*

Dieses Segensgebet wirkt noch intensiver, wenn du dem Menschen, dem du es zudenkst, auch mitteilst, dass du es für ihn oder sie sprichst. So kann er oder sie in diesen Situationen auch selbst an dieses Lichtwesen denken und erfährt eine noch größere Stärkung.

Am schönsten und besten wäre es, wenn wir uns von unserem Schutzengel Gebete empfehlen lassen würden. Kürzlich kam eine Frau mittleren Alters zu mir in die Praxis, die in einer schwierigen persönlichen Situation steckte. In ihrer Partnerschaft gab es ernsthafte Unstimmigkeiten, es wurde an Trennung gedacht. Ihr Schutzengel gab mir für sie unter anderem folgendes Gebet: „Du sollst wissen, dass ich dich liebe." Dieses Gebet sollte sie für ihren Mann sprechen.

Darauf reagierte die Frau zunächst empört, weil sie so aufgebracht über die Situation damals war, dass sie eine solche Formulierung keinesfalls auch nur bei sich denken wollte. Sie war immerhin bereit, zumindest zu beten: „Du sollst wissen, dass ich akzeptiere, dass es dich gibt." Nach einigen Wochen kam sie wieder, bedankte sich und wurde immer ruhiger, bis sie das Gebet vollständig so sprechen konnte, wie ihr Schutzengel es vorgeschlagen hatte. Sie und ihr Mann konnten sich aussprechen, weil sie wieder zunächst Respekt, dann auch ihre Liebe für einander entdeckten, und so konnten sie ihre Ehe retten.

Noch besser, als sich Gebetsvorschläge des eigenen Schutzengels von einem anderen dafür offeneren Menschen übermitteln zu lassen, wie zum Beispiel über mich, ist es, diese selbst zu empfangen. Das ist möglich. In meinen Lehrgängen zum „Energetischen Heiler" führen wir Übungen durch, wie wir zunächst echte innere Ruhe entwickeln, dann die Aktivierung der Intuition und Medialität durchführen, und schließlich eben den Kontakt zum Schutzengel bekommen, der uns Botschaften, Gebete und Segnungen übermittelt. In einem Seminar, „Schulungsweg und geistiges Schauen", mit knapp dreißig Teilnehmern und Teilnehmerinnen, die häufig schon vorher andere Kurse, auch bei anderen Leitern, besucht hatten, konnten alle am Ende des fünftägigen Seminars ihre eigenen Schutzengel wahrnehmen und die Aura bei sich und bei anderen sehen sowie meist auch deren Schutzengel. (Das heißt natürlich nicht, dass dies in allen Kursen und immer so stattfindet.)

8.

MEDITATIONEN
UND ÜBUNGEN

Die Meditationen und Übungen in diesem Kapitel dienen in erster Linie der Entwicklung deiner Selbstwahrnehmung. Es ist sehr wichtig sowohl für die irdische als auch für die geistige Welt, dass du dich selbst immer mehr und besser kennen lernst und dass du lernst, deine innere Mitte zu finden und zu bewahren. Ohne diese Selbsterkenntnis ist es kaum möglich, zu Klarheit und innerer Wahrheit zu kommen und zu einem echten eigenen Erleben der Engel und lichtvollen Wesen zu gelangen.

Schutzengelmeditation für jeden Tag
Der Sinn dieser Übung ist, dass du Tag für Tag die jeweils richtige, für dich passende und für deine Ent-

wicklung stimmige Grundhaltung zu deinem Leben und zu dir selbst annimmst. Die Übung kann bis zu einer halben Stunde dauern, sie kann jedoch auch kürzer durchgeführt sehr hilfreich sein. Wesentlich ist, dass du den ganzen Tag über dich immer wieder in die einmal gefundene rechte Grundhaltung „er-innerst". Dein ganzer Alltag sollte idealerweise zu einer „Schutzengelmeditation" werden. Das bedeutet, dass du vor allem dann, wenn ein Hindernis oder eine Schwierigkeit im Alltag auftaucht, dich an diese morgendliche Meditation erinnerst und bewusst wieder die stimmige Haltung einnimmst. Nur so wird das spirituelle Leben in der Praxis Wirklichkeit; sonst bleibt es nur Theorie und Wunschdenken.

Diese Übung ist günstig nach dem Frühstück, wenn du gut geerdet bist und der Tag dann richtig anfängt. Du führst sie im bequemen Sitzen durch.

Schutzengelmeditation
- Tief und sanft in den Bauch atmen.
- Die ganze Muskulatur von unten bis oben entspannen.
- Dann sagst du innerlich, mental: „Ich verbinde mich mit der lichtvollen geistigen Welt." Dabei stellst du dir eine Lichtsäule in dir vor, die vom Wurzelchakra durch alle Chakras über das Scheitelchakra bis in den Himmel reicht.
- „Ich bitte um Segen für mich und meine Lieben." Dabei einen Lichtkreis um dich herum vergegenwärtigen (als ob sich ein Lichtmantel um deine ganze Aura legt).
- Du stellst dir auch deine Lieben wie von einem Lichtkreis umhüllt vor.

8. Meditationen und Übungen

- „Ich bitte um Schutz." Dabei eine liegende Acht (Lemniskate) vorstellen.
- „Mein lieber Schutzengel, du bist in meinem Leben willkommen. Nimm mich an die Hand, führe mich, hilf mir in Liebe zu wirken. Teile mir die notwendige innere Haltung für meinen nächsten Schritt mit."
- Nimm bewusst dein Herzchakra wahr. Nun fragst du deinen Engel: „Welche innere Haltung ist für den heutigen Tag wichtig?"
- Sieh (auch wenn du glaubst, dir das „nur" einzubilden!) oder spüre, in welcher Haltung sich dein Engel dir jetzt zeigt. (Hält er zum Beispiel seine beiden Arme sanft nach oben, oder hält er die Arme, als ob er die Welt umarmen wollte, oder steht er in sich gesammelt, mit gefalteten Händen, als ob er betet?) Die Haltung des Engels, wie du sie wahrnimmst, gibt dir den Impuls, wie deine innere Bewusstseinshaltung für heute sein sollte. (Es könnte sein, dass sich dein Engel ganz anders zeigt; bleibe offen für das, was du empfängst bzw. empfindest und richte dich danach. Menschen, die meinen, gar nichts wahrnehmen zu können, sollten sich einfach immer wieder auf die Grundhaltung der Liebe besinnen.)
- Zum Abschluss: im Herzchakra das lichtvolle Kreuz spüren. Du atmest tief ein, wobei sich in deiner Vorstellung ein Lichtkreuz nach oben entfaltet, in den Himmel; du atmest aus, das Lichtkreuz geht nun tief in die Erde hinein. Beim weiteren Atmen entfaltet sich das Kreuz nun nach links bzw. nach rechts.
- Danach nimmst du erneut einen Lichtkreis wahr, der

sich wie ein Schutzkreis um dieses Kreuz legt, das dich in deine Mitte bringt und zugleich mit Himmel, Erde und Welt verbindet.
– Beende diese Meditation (und jede Meditation), indem du dein Herzchakra anlächelst und zu dir selbst innerlich sagst: „Ich liebe mich."

Wenn du diese Meditationsart regelmäßig einübst, wirst du nicht nur einen immer besseren Kontakt zu deinem Schutzengel gewinnen, sondern auch andere gute Eigenschaften entwickeln. Du bekommst eine dauerhaftere und beständigere göttliche Anbindung; du vertiefst dein Urvertrauen und machst es stabiler; du lernst, die Menschen an das Licht abzugeben, anstatt sie auf deinem eigenen Rücken herumzuschleppen; du befindest dich in einer sanften, aber aktiven geistigen Entwicklung und entfaltest deine Intuition; du erlebst immer intensiver das Gleichgewicht und die Liebe in dir, um immer mehr in deinem Wachstum voranzuschreiten und deine eigene Wahrheit zu leben.

Erzengelmeditationen für die ganze Woche

An jedem Wochentag ist, wie schon ausgeführt, die Energie eines Erzengels besonders wirksam. Deshalb macht es Sinn, sich bewusst auf die Aufgaben und Chancen einzustellen, die mit dem jeweiligen Wochentag vor allem zusammenhängen und dafür auch die speziellen Erzengelenergien zu nutzen.

Ich persönlich schließe sie morgens an die Schutzengelmeditation an; man kann sie jedoch auch getrennt durchführen. Diese Übung ist für das Sitzen gedacht; sie kann ebenfalls bis zu einer halben Stunde dauern.

Erzengelmeditation
- Tief und sanft in den Bauch atmen.
- Die ganze Muskulatur von unten bis oben entspannen.
- Dann sagst du innerlich, mental: „Ich verbinde mich mit der lichtvollen geistigen Welt." Dabei stellst du dir eine Lichtsäule in dir vor, die vom Wurzelchakra durch alle Chakras über das Scheitelchakra bis in den Himmel reicht.
- „Ich bitte um Segen für mich und meine Lieben." Dabei einen Lichtkreis um dich herum vergegenwärtigen (als ob sich ein Lichtmantel um deine ganze Aura legt).
- Du stellst dir auch deine Lieben wie von einem Lichtkreis umhüllt vor.
- „Ich bitte um Schutz." Dabei eine liegende Acht (Lemniskate) vorstellen.
- Nun holst du die Erzengelqualität des jeweiligen Tages in dein Bewusstsein, mit den Worten: „Heute ist ... (Tag der Woche). Es ist die Kraft des Erzengels ... Seine Aufgabe ist ..."
- Nimm dir Zeit, diese Qualität zu empfinden, dich in sie einzulassen und darin zu verweilen, bis du die jeweilige stärkende Kraft im entsprechenden Chakra und Organsystem spürst.
- Zum Abschluss: im Herzchakra das lichtvolle Kreuz spüren. Du atmest tief ein, wobei sich in deiner Vorstellung ein Lichtkreuz nach oben entfaltet, in den Himmel; du atmest aus, das Lichtkreuz geht nun tief

in die Erde hinein. Beim weiteren Atmen entfaltet sich
das Kreuz nun nach links bzw. nach rechts.
- Danach nimmst du erneut einen Lichtkreis wahr, der
sich wie ein Schutzkreis um dieses Kreuz legt, das dich
in deine Mitte bringt und zugleich mit Himmel, Erde
und Welt verbindet.
- Beende diese Meditation (und jede Meditation), indem
du dein Herzchakra anlächelst und zu dir selbst innerlich sagst: „Ich liebe mich."

**Zur Erinnerung die Qualitäten der Erzengel
in Stichworten:**
Sonntag – Michael – Mut: „In mir ist Ruhe und Kraft."
Montag – Gabriel – Neubeginn: „In mir ist Wahrheit
    und Inspiration."
Dienstag – Samael – Ausweg: „Ich trage Hoffnung und
    sehe den Ausweg."
Mittwoch – Raphael – Heilkraft: „Ich ordne meine
    Kräfte neu."
Donnerstag – Zahariel – Lebensreise: „Ich vollende etwas Angefangenes, bevor ich
    mit Neuem beginne."
Freitag – Anael – Schönheit: „Ich nehme mir Zeit für
    mich selbst."
Samstag – Uriel – Harmonie: „Ich ordne mich und meine
    Gedanken neu."

Erkenntnisübung von Erzengel Gabriel
Diese Übung habe ich von Gabriel erhalten. Sie dient zur
Klärung und Reinigung, aus der sich Heilung ergibt. Du

8. Meditationen und Übungen

erkennst mit seiner Hilfe die Ursprünge von Entwicklungshindernissen und Blockaden, die du dann leichter überwinden bzw. von denen du dich dann einfacher lösen kannst. Der Erzengel Gabriel hilft dir sozusagen, deine eigene Meisterschaft zu entwickeln. Auch diese Übung wird im Sitzen durchgeführt und dauert etwa eine halbe Stunde.

Erkenntnisübung
- 3x durchatmen.
- Den Schutzengel einladen: „Mein lieber Schutzengel, sei bitte bei mir und wirke in allem, was ich tue."
- Körper von unten nach oben entspannen.
- Spüre, ob du im Körper einen Schmerz oder einen dunklen Fleck empfindest. Fühle dort hinein.
- Herzchakra warm und weich spüren.
- Stelle die Frage bzw. nimm bewusst wahr: „Wo genau (eher links oder rechts, oben oder unten, in der Mitte) ist gerade dieser Schmerz in meinem Herzchakra gespeichert?" (Alle Schmerzen, die im Körper zu spüren sind, sind mit ihren Ursachen auch im Herzchakra gespeichert.)
- In den Herzraum hinein fragen: „Wann ist dieses Gefühl, dieser Schmerz zum ersten Mal aufgetaucht?"
- Beobachte die Bilder oder Erinnerungen, die auftauchen. (Es wird fast immer auch ein Bild eines kleinen Kindes auftauchen!)
- Sprich nun zu deinem Selbst bzw. zu deinem inneren Kind ein heilsames Segensgebet: „Ich weiß, dass du die Liebe und Hülle, die du gebraucht hast, nicht bekom-

men hast. Aber du sollst wissen, dass du diese Liebe und Hülle nur von der lichtvollen, geistigen, göttlichen Welt bekommen kannst! Schau, ein lichtvoller, göttlicher Strahl fließt auf dich herunter. Nimm ihn an und lasse dich von ihm erwärmen."
- Lass dir und deinem Selbst bzw. deinem inneren Kind eine Erlebnispause, um das Licht und die Wärme und Liebe nachwirken zu lassen.
- Jetzt wendest du dich erneut an dein Selbst bzw. inneres Kind: „Hinter dir steht dein Schutzengel und umhüllt dich mit seinen Flügeln. Genieße seine Hülle. Du wirst geliebt!"
- Stelle dir vor (oder spüre sogar unmittelbar): Ein lichtvoller Strahl fließt auf dich herunter. Spüre ihn wie einen Wasserfall, welcher wellenartig durch deinen tiefen Atem in deine Füße fließt, in deine Beine, in deinen Unterleib, in deinen Rücken, in deinen Bauch, in deine Brust, in deinen Nacken und Hals, in deinen Kopf.
- Schicke die Heilkraftwelle dann, wohin du willst.
- Kleine Erlebnispause einlegen.
- Zum Abschluss der Übung lächelst du nun nacheinander deinen sieben Chakras zu, von oben nach unten, um wieder ganz auf der Erde „zu landen".
- Zum Abschluss: im Herzchakra das lichtvolle Kreuz spüren. Du atmest tief ein, wobei sich in deiner Vorstellung ein Lichtkreuz nach oben entfaltet, in den Himmel; du atmest aus, das Lichtkreuz geht nun tief in die Erde hinein. Beim weiteren Atmen entfaltet sich das Kreuz nun nach links bzw. nach rechts.
- Danach nimmst du erneut einen Lichtkreis wahr, der

sich wie ein Schutzkreis um dieses Kreuz legt, das dich in deine Mitte bringt und zugleich mit Himmel, Erde und Welt verbindet.
– Beende diese Meditation (und jede Meditation), indem du dein Herzchakra anlächelst und zu dir selbst innerlich sagst: „Ich liebe mich."
– Nun noch 3 x tief durchatmen und richtig ankommen.

Mit dieser Übung kann dein Unterbewusstsein erkennen, dass du Liebe nicht irgendwo außen erwarten oder holen mußt und sollst, sondern dass die Liebe bereits in dir ist und du sie dir mit Hilfe der Engel selbst geben kannst. Du bittest deinen Schutzengel speziell, zu dir zu kommen. Da diese Übung von Erzengel Gabriel stammt, ist er indes immer auch „unaufgefordert" anwesend und wirkt besonders in der Energie des Wasserfalls.

Auflösung von Blockaden

In dieser Übung geht es um die bewusste Begegnung mit der eigenen Schattenseite und Lösungsübungen dafür, damit Heilung für dich selbst und deine Mitmenschen entstehen kann. Ich nenne diese Übung auch „Doppelgängerübung"*. Die Übung dient dazu, akute oder chronische stark negative Gefühle aufzulösen und auch ihre Ursachen zu erkennen und aufzulösen.

---

* Die Inspiration für diese Übung erhielt ich durch den Begriff „Doppelgänger" und das Konzept, das dahinter steht, die beide von Rudolf Steiner stammen. Allerdings verwende ich diesen Begriff anders, und es ist auch keine anthroposophische Übung im engeren Sinne.

Es gibt mehrere Möglichkeiten, den Begriff „Doppelgänger" schrittweise zu erklären. Ich mache das hier in drei Verständnisschritten.

1) Der Doppelgänger ist das Energiefeld eines alten Musters, das immer noch wirkt und in uns immer noch lebt.
2) Wenn in uns noch Reste von bedrückenden, belastenden und „negativen" Eigenschaften sind, wie alte Wut, Eifersucht, Unsicherheit und so fort, so entstehen aus diesen Gefühlen jeweils energetische Wesen, die sozusagen „kleine Doppelgänger" sind. Sie zusammen bilden das, was ich den „großen Doppelgänger" nenne. Der „große Doppelgänger" ist nun nicht einfach die Summe der kleinen, sondern gestaltet sich als ein neues energetisches Wesen, in dem die Eigenschaften und Energiefelder der „kleinen" integriert werden.
3) Jeder Mensch hat einen Schutzengel, der seine lichtvollen Kräfte beschützt und bewahrt und der die helle, lichtvolle Wesensart des Menschen trägt. Ähnlich hat jeder Mensch einen „großen Doppelgänger", der dessen Schwere trägt.

Dieser Doppelgänger übt für uns eine dienende Funktion aus, aus seiner Sicht beschützt er uns sogar, damit wir zum Beispiel nicht an Schmerz zerbrechen, sondern mit Wut dagegen reagieren. Obwohl es sich an sich um ein Energiefeld handelt, agieren sowohl die kleinen wie der große Doppelgänger, als ob sie eigene Wesenheiten wären.

8. Meditationen und Übungen

Deine Aufgabe ist, nach und nach jede negative Eigenschaft, alle Blockaden und dunklen, schweren Muster in dir aufzulösen, bis der Doppelgänger einmal nicht mehr gebraucht und so erlöst wird. Bis dahin jedoch bleibt er auf der Erde, als ein Teil von dir, sogar auch nach deinem Tode noch. Solange es noch einen Doppelgänger dieser Art von uns gibt, müssen wir immer wieder auf der Erde reinkarnieren. In der Phase, in der du mit deinem Schutzengel nach deinem irdischen Tod ein neues Leben aussuchst, schaut dich dein Doppelgänger von unten an und erinnert dich an die noch unaufgelösten Dinge, die du für dein neues Leben beachten bzw. dir als Herausforderungen auswählen sollst.

Da die folgende Übung sehr intensiv ist und dir dabei eine vermutlich eher ungewohnte Seite deiner selbst gezeigt wird, ist es wichtig (damit du dich nicht in deinen Emotionen verlierst), nicht nur deinen Schutzengel dazuzubitten, sondern dass du auch einen liebevollen Menschen oder eine liebevolle Gruppe dir zur Seite weißt, die dich dabei unterstützen. Zumindest solltest du beim ersten Mal, wenn du diese Übung durchführst, es nicht ganz allein machen. Denke bitte daran, dass es nach dem ersten Mal passieren kann, dass unglaublich viele Gefühle oder Erinnerungen in dir hochkommen können, die dich verwirren oder bedrücken. Das ist so, weil die Übung wirkt, als ob ein Deckel von deinem Herzen genommen würde, unter dem es bisher unbemerkt gebrodelt hat; was fällig war, drängt nun heraus.

Führe diese Übung mehrfach durch, wie du es als nötig oder passend empfindest. Später wird das immer seltener notwendig sein. Du wendest diese Übung an, wenn du merkst, dass ein negatives Gefühl in deinem Inneren „wütet", obwohl es dafür vermutlich noch nicht einmal einen äußeren deutlichen Anlaß gibt, und du meinst, du würdest schier „ausflippen". Auch wenn es einen vermeintlich offensichtlichen Grund für starke negative Gefühle gibt, ist es besser, diese Übung durchzuführen als auszurasten. Du führst diese Übung im Sitzen durch: Wenn es sich für dich besser anfühlt (weil manche Themen ziemlich intensiv sind), die Augen offen zu lassen und nicht zu schließen, so lasse sie bitte offen oder öffne sie auch zwischendurch wieder.

Sei und bleibe bei dieser Übung bitte immer der Beobachter bzw. die Beobachterin, bleibe in der Kraft der Gegenwart, um die früheren Situationen durch dein Verständnis jetzt zu heilen.

Doppelgängerübung

– 3 x tief durchatmen, immer tief in den Bauch hinein; denke bitte während der gesamten Übung auch immer wieder daran, tief in den Bauch zu atmen, um dich gut zu erden und um immer in der Realität des Hier und Jetzt zu bleiben (und dich nicht etwa mit alten Begebenheiten zu identifizieren.)
– Lade den Schutzengel ein: „Mein lieber Schutzengel, sei bitte bei mir und wirke in allem, was ich tue."
– Nun wendest du deine Aufmerksamkeit auf dein Herzchakra. Welches negative Gefühl existiert dort und herrscht vielleicht sogar vor?
– Nun definiere dieses Gefühl.

8. Meditationen und Übungen

- Sieh dann, ob dieses Gefühl eine Farbe hat, eine Form, ein Symbol, irgendeine Gestaltung? Das, was du siehst oder spürst, ist die „Form" eines „kleinen Doppelgängers", nämlich des Energiefeldes, das speziell mit diesem vorherrschenden negativen Gefühl zu tun hat.
- Nun frage diese „Wesenheit" des Gefühls: „Wann bist du zum ersten Mal aufgetaucht?"
- Warte ab, welche Bilder, Erinnerungen oder Gedanken auftauchen.
- Wenn du etwas wahrgenommen hast, richte dich an diese Bilder, Erinnerungen oder Gedanken und sprich direkt zu ihnen: „Ja, das war schlimm, aber ab heute wird es mir nie wieder passieren!" (Wenn kein Bild oder Gedanke auftaucht, dann sprich trotzdem:
- „Ich brauche dich nicht mehr, denn es ist in Ordnung, glücklich zu sein. Du brauchst mich nicht zu beschützen, denn die Engel beschützen mich. Schau nach oben in das Licht und folge den Engeln. Amen.")
- Nun gibst du dir Zeit für eine Erlebnispause und atmest 3x tief durch, tief in den Bauch hinein, und kommst wieder noch mehr zu dir.
- Jetzt überprüfst du, ob sich das Gefühl im Herzchakra verändert hat, ob Wut oder Neid oder etwas anderes vielleicht deutlich schwächer geworden sind oder sich sogar ganz aufgelöst haben.
- Dann schau noch einmal das Energiefeld dieses Doppelgängers an, sieh dir die Gestaltung dieser Wesenheit an und stelle fest, ob und falls ja, wie es sich ebenfalls verändert hat. (Die Farbe könnte sich geändert haben, vor allem könnte es merklich kleiner geworden sein.)

- Zum Abschluss gehe wieder in die Eigenliebe (siehe vorherige Übungen) und „bade" im Gefühl der Selbstliebe.
- Nun beende mit einem Vergebungsgebet (sprich gedanklich ganz allgemein zum Beispiel: „Ich vergebe, ich bitte um Vergebung, ich vergebe mir selbst.")

In den Bildern, die bei dieser Übung auftauchen, muss es sich nicht unbedingt um Erlebnisse aus diesem Leben, aus der frühen Kindheit oder aus der Zeit im Mutterleib handeln, sondern es können auch Bilder aus früheren Leben auftauchen.

Heilung von Karma und Karmaengel

Karma sind für mich Erfahrungen aus früheren Leben, die noch nicht abgeschlossen sind, weil wir nur aus ihnen irgendetwas lernen wollen.

Wenn ein Mensch mit einem Problem zu mir kommt, stellt sich die Frage: „Ist das Problem oder Thema aus diesem oder aus einem früheren Leben?" Und zusätzlich frage ich, ob das Thema jetzt reif für eine Lösung ist, oder ob der Mensch erst noch weitere Erfahrungen machen muss und das Thema oder Problem dann entweder von allein verschwindet oder mit der Hilfe eines anderes Heilers oder mit meiner.

Wenn das Problem tatsächlich aus einem früheren Leben stammt, wird mir von so genannten Karmaengeln ein Bild gezeigt, aus dem ersichtlich wird, wie das Thema heute mit einer früheren Situation zusammenhängt. Wenn das Thema reif ist (bzw. wenn der Mensch wirklich dazu bereit ist, dieses Problem heute loszulassen), dann zeigt sich das entsprechende Bild mir auf sehr klare deutliche Weise und ich kann es ihm beschreiben und erklären. Falls der Zeitpunkt noch nicht stimmig ist, dann wird das Bild verschwommen bleiben und eher wie ein Impuls, nicht jedoch wie ein klarer Lösungsansatz erscheinen.

Nehmen wir an, der Zeitpunkt sei richtig. Dann beschreibe ich das Bild und der Klient oder die Klientin spürt das dann so, als ob sie eines ihrer früheren Leben in diesem Aspekt wie aus einiger Entfernung erneut durchlebt. Dann kommt der „Karmaengel" hervor, wie von hinter einem Vorhang. Er sieht meistens grau aus, da er viele Lasten trägt; er wirkt sehr ruhig und getragen; sie zeigen sich als sehr neutral, weder männlich noch weiblich. Wenn der Klient das Gefühl oder Thema angeschaut und sich davon gelöst hat, dann nimmt der Karmaengel so etwas wie einen grauen Schleier aus dessen Aura und trägt ihn hinfort, ohne dabei etwas zu sagen.

Es bedarf noch nicht einmal einer persönlichen Sitzung, um Karma auf diese Weise aufzulösen, da es gar nicht ausschlaggebend ist, was damals tatsächlich faktisch vorgefallen ist. Vielmehr kommt es darauf an, den karmaauflösenden Spruch, der jetzt zu dir und deiner Situation passt, nachzusprechen.

In meinen Engelworkshops habe ich zum Beispiel schon mehrfach erlebt, dass eben auch außerhalb einer persönlichen Beratung für einen der Teilnehmer ein

Karmaengel erscheint und einen lösenden Spruch übermittelt. Wenn der betreffende Teilnehmer diesen Spruch annimmt und ihn nachspricht, dann kann auch in dieser Situation eine für den Menschen deutlich spürbare Karmalösung geschehen.

Ein Beispiel, das ich so und ähnlich mehrfach erfahren durfte. Eine Frau hat Neurodermitis seit ihrer Geburt. Als ich sie kennenlernte, hatte ich gefühlt, dass es dafür nicht eine Ursache, sondern eine Reihe von Gründen geben müsste. Neben den körperlichen Beschwerden durch die Neurodermitis stellte es für sie ein besonderes Problem dar, dass sie sich trotz intensiver und jahrelanger Bemühungen um Erfahrungen aus der geistigen Welt nicht für ein eigenes Erleben zu öffnen vermochte. Ihre Zweifel an der Existenz der geistigen Welt sowie eine gewisse innere Schwere stellten sich einem persönlichen und unmittelbaren Erleben in den Weg.

In einem Engelworkshop erhielt sie eine Engelbotschaft von einem Karmaengel. Er zeigte mir ein Bild aus einem früheren Leben von ihr, im dem sie als Säugling im Schnee ausgesetzt wurde, jedoch recht bald von einer Frau gefunden wurde, die sie in ihre Familie aufnahm und dort aufzog. Ich sagte ihr nichts von diesem Bild (da wir ja in einer Gruppe waren und das vielleicht zu persönlich gewesen wäre), übermittelte ihr aber den Spruch, den der Karmaengel mir für sie gab, und den sie dann laut vernehmlich nachsprechen sollte.

Er hieß: „Ich habe geliebt und gelebt. Ich wurde verraten und verletzt. Doch die göttliche Liebe und die Liebe einer Mutter wurden mir geschenkt und sind mir geblieben. Ich habe hier nun ein neues Leben ergriffen und darf lieben und leben, ohne verraten zu werden."

Die Frau sprach in der Gruppe diesen Spruch gut hörbar. Nach diesem Erlebnis, einige Zeit später, traf ich sie wieder. Sie berichtete mir, dass die Neurodermitis sich zwar nicht verändert und gebessert hätte, aber dass sie nun erstmals die lichtvollen geistigen Welten wahrnehmen könnte. Und auf der irdischen Ebenen konnte sie ihre Familie und Freunde ganz neu, liebevoll und nährend erfahren.

Ein zweites Beispiel: Eine junge Frau ist dabei, die Schule zu beenden und fragt sich, welchen Beruf sie ergreifen bzw. wie sie sich weiter ausbilden soll. Eigentlich möchte sie eine helfende, unter Umständen sogar eine medizinische Tätigkeit ausüben. Sie kann aber weder Blut sehen noch fasst sie gerne Menschen an. Die junge Frau entscheidet sich, sich in Bezug auf ihren Herzenswunsch zu gedulden und durchläuft eine kaufmännische Ausbildung, auch um den Erwartungen der Familie so besser zu entsprechen. Bei Übungen in einer Meditationsgruppe bittet sie die geistige lichtvolle Welt und die Engel, ihre Blockade in dieser Frage erkennen und dann lösen zu dürfen. Sie sieht ein Bild aus einem früheren Leben, in dem sie umgebracht wurde. Sie erlebte sich angekettet in einem Kerker, sie schmeckte ihr eigenes Blut, es wirkte wie eine Folter und eine Hinrichtung auf sie. Sie sah in diesem inneren Bild zu ihrem Peiniger und Henker auf und sah dessen Gesicht. Dieses erinnerte sie an das Gesicht eines Mannes, dem sie einmal in diesem Leben getroffen hatte. Die junge Frau erkannte, dass sie damals getötet worden war, weil sie nur bereit war, weiße Magie anzuwenden, während ihr Peiniger ein Schwarzmagier gewesen war. Sie erinnerte sich, dass der Mann, an dessen Gesicht sie dieses Bild erinnerte, ihr (und anderen) nie direkt in die Augen hatte blicken können.

Sie erhielt von einem Karmaengel den Spruch: „Ich vergebe dir, denn du weißt nicht, was du getan hast. Ich vergebe mir für meine Wut."

Sie fand in sich durch die Hilfe der lichten geistigen Welten und die Hilfe der Engel die Kraft, diesen Spruch nicht nur als Lippenbekenntnis zu sprechen, sondern aus ganzem Herzen. Damit löste sich in ihr so etwas wie ein großer, dicker und schwerer dunkler Knoten auf. Am Ende der Meditation war sie, wie man sich denken kann, völlig aufgelöst. Aber einige Zeit danach entschloss sie sich, die kaufmännische Ausbildung zu Ende zu führen und danach einen medizinischen Beruf zu erlernen. Durch die Karmaauflösung dieser karmischen Last verlor sie sowohl die Abscheu vor Blut als auch den Widerwillen, andere Menschen zu berühren.

Sprüche von Karmaengeln werden also, anders als gewohnt, gut vernehmlich und hörbar gesagt bzw. nachgesprochen.

Wenn du merkst, dass du auf deinem Lebensweg irgendwie „anstößt", dass sich in einem Punkt trotz deiner Bemühungen und deiner Bereitschaft dazu kein Fortschritt ergibt, so ist das häufig auf alte karmische Belastungen aus früheren Leben zurückzuführen, die noch nicht aufgelöst sind. Dann kannst du eine Bitte um geistige Entwicklung sprechen, die wie ein „Lösungsgebet" wirken kann, nun wieder nur gedanklich:

Liebe lichtvolle geistige Welt, liebe Engel:
ich möchte diesen Entwicklungsschritt
machen. Helft mir dabei, für den Punkt,
wo ich steckengeblieben bin, bewusst zu werden und durch meine Erkenntnis aufzulösen.

Sprich dieses Gebet so oft, wie du an dieses Thema oder an diesen Punkt am Tage denkst. Du wirst noch aufmerksamer für die geistige Führung und wirst in der Lage sein, durch deine verstärkte Bewusstheit in der Gegenwart deine Vergangenheit zu begreifen. Bereits diese Bewusstwerdung löst karmische Probleme auf, denn sie sind energetische Blockaden, und deine Bewusstwerdung ist ebenfalls eine Energie.

Meditation mit Naturwesen

Der Umgang und besonders auch die Meditation mit Naturwesen ist sehr hilfreich für die Selbstwahrnehmung: Du lebst auf dieser Erde, im Verbund mit vielen anderen Wesen, die Erde ist lebendig, es gilt, sich selbst und die gesamte Schöpfung zu achten und zu pflegen. Du kannst dich von Naturwesen sowohl heilsam behandeln lassen als dir auch persönliche Botschaften geben lassen. Da Naturwesen den Menschen aufgrund ihrer grobstofflicheren Schwingung noch näher stehen und ihnen ähnlicher sind als die Engel oder gar Erzengel, finden viele einen leichteren Zugang zu den lichtvollen Welten eben über diese Naturwesen. Wir können Steine sehen und anfassen, wir können Bäume und Pflanzen sehen und riechen und berühren; so fällt es uns oft leichter, über diese Sinneskontakte auch einen direkteren Zugang zu den Geistwesen, die sie beleben und schützen, aufzunehmen.

In diesem Engelbuch möchte ich nur eine einzige Meditation mit Naturwesen vorstellen, um eine Vorstellung zu geben und vielleicht sogar zu einer eigenen Erfahrung von Lesern und Leserinnen mit Naturwesen beizutragen. Diese Beispielmeditation bezieht sich auf einen Stein; du kannst ihre Elemente auch umformen und für Naturwesen von Blumen und Pflanzen einsetzen.

Generell sollte man mit Naturwesen auch draußen in der Natur meditieren, in ihrer Umgebung. Sie kommen nur ungern mit ins Haus. Bei Steinwesen gilt jedoch eine Ausnahme, man kann mit ihnen auch drinnen meditieren. Aber intensiver wird dein Erleben mit den Steinwesen doch auch draußen in der Natur sein.

Meditation mit dem Stein
– Bequem hinsetzen.
– Natur lauschend wahrnehmen.
– Tief in den Bauch atmen.

8. Meditationen und Übungen

- Mit geschlossenen Augen innerlich die Größe des Himmels wahrnehmen.
- Mit geschlossenen Augen die eigene Größe innerlich wahrnehmen.
- Den Stein mit geschlossenen Augen streicheln und tastend erfahren.
- Den Atem des Steins als leichte Bewegung in der Hand spüren.
- Stelle nun die Frage: „Wie groß bist du in deinem Inneren?"
- Stelle dir im Inneren des Steines eine Treppe vor (oder sieh sie).
- Gehe diese Treppe Stufe um Stufe in das Steininnere (meistens führt die Treppe hinab), bis du ein Stopp spürst oder merkst, dass du jetzt stehenbleiben solltest.
- Sprich dann in Gedanken: „Da bin ich! Was hast du mir mitzuteilen?" Diese Frage stellst du Steinen, die du gefunden hast und zu denen du dich hingezogen fühlst.
- Oder du stellst eine andere Frage, zum Beispiel: „Was ist deine Aufgabe?", und zwar solchen Steinen, die du aus Interesse oder schlichter Neugier näher kennenlernen möchtest, ohne dich speziell zu ihnen hingezogen zu fühlen.
- Spüre, aus welcher Richtung im Stein du eine Antwort erhältst. Das ist die Richtung, aus der du gerufen wirst bzw. in die du blicken solltest.
- Dann kannst du dort das Steinwesen oder den „Steinmeister" in einer Gestalt sehen, für die du am besten empfänglich bist. Beachte bitte, dass sich das Steinwesen dir auch außerhalb des Steines zeigen kann.

– Höre, was er dir zu sagen hat, nimm seine Botschaft wahr. Es kann sein, dass du Botschaften nicht unmittelbar hörst, sondern sie intuitiv oder auf andere Weise erfasst.
– Danke für die Botschaft, atme tief durch, komm wieder ganz im Hier und Jetzt an und öffne deine Augen.

Zum Abschluss noch ein Hinweis aufgrund meiner Erfahrung, den ich für wichtig halte. Es ist nicht günstig, im Liegen zu meditieren, da die meisten Menschen rasch einschlafen oder in der Aufmerksamkeit abgleiten und nicht mehr wirklich wach sind. Am Abend sollte man ebenfalls nicht meditieren, weil man dann sehr häufig schon müde und schläfrig ist. Das Wachbewusstsein wird schwächer und zieht sich langsam zurück; man ist dann nicht mehr wach genug, um Impulse, Erfahrungen und Wesen aus den lichtvollen Welten von solchen aus weniger lichtvollen zu unterscheiden. Das führt schnell zu Täuschungen, in manchen Fällen sogar zu Besetzungen.

Dieses achte Kapitel hat dir einige wirkungsvolle Meditationen und Übungen angeboten, damit du innere, geistige Arbeit durchführen kannst. Im nächsten Kapitel möchte ich Übungen vorstellen, um die aktive Arbeit im alltäglichen Tun, die bewusste Wahrnehmung von Mustern und Prozessen im Unterbewußtsein zu erkennen und, wo das wünschenswert ist, zu transformieren.

9.

SCHULUNG
DER INTUITION

In diesem Kapitel geht es um eine Schulung deines spirituellen Bewusstseins, um deinen individuellen Weg zur Entfaltung deines Lebensplans zu finden und um den Kontakt mit der lichtvollen geistigen Welt zu stärken und zu vertiefen. Ziel ist dabei, dass du eigenverantwortlich und frei dein Leben bestimmst, weil du dich wie selbstverständlich und praktisch immer in Verbindung mit den lichtvollen Helfern weißt und du dich immer mehr auf die Führung durch deine Engel zu verlassen traust.

Drei praktische Übungen haben sich dabei in manchen meiner Kurse besonders bewährt. Sie werden dir helfen, deine Lebensaufgaben klarer zu erkennen und deinen Entwicklungsweg zuversichtlicher und kraftvoller zu gehen. Damit bildest du dich selbst, mit der Hilfe aus der geistigen Welt, zu einem harmonischen, ganzheitlichen Menschen unserer neuen Zeit. Du vermagst alte Muster und verhärtete Gewohnheiten sowie angstbestimmte Verhaltensweisen leichter abzulegen und dich stattdessen immer öfter und schöner vom inneren Licht führen zu lassen.

Übung zur bewussten Selbstüberprüfung
Hier ist eine Übung zur Selbstüberprüfung. Ich führe sie auch immer mit den Teilnehmern bei den Lehrgängen durch zur Ausbildung von Hellsichtigkeit (in denen es vor allem um das Schauen geht, um das eigene Sehen von lichtvollen Geistwesen) und von Heilkräften (dabei geht es um die Wahrnehmung und den Austausch, auch über ein Kommunizieren mit Lichtwesen). Diese Übung ist nach meiner Erfahrung eine wesentliche Grundlage für alle anderen Bewusstseinsübungen. Du willst ja sicher sein, ob Antworten, die du spürst, empfängst, hörst oder anders wahrnimmst, echt sind oder nicht.

Antwortet dir ein Muster, ein Egoaspekt, ein eigener Doppelgänger, vielleicht auch die manipulierenden Gedankenmuster eines anderen Menschen (eines Gurus, eines Therapeuten oder eines anderen, von dem du abhängig sein könntest), oder noch nicht ganz reine Wesen aus weniger lichtvollen Sphären?

Oder ist es eine Botschaft von lichten Helfern, aus wirklich höheren Geistebenen, von Engel oder Erzengeln, vielleicht aber auch dein höheres Selbst, dein wahrer Geist oder eine echte Intuition?

9. Schulung der Intuition

Der Sinn der Übung ist also, dass du dich vergewissern kannst, ob deine Eingebungen, Impulse, Antworten und so fort, die du aus der lichtvollen geistigen Welt suchst, wirklich von dort stammen. Sind sie aus einer reinen Quelle oder bist du dabei, in eine Sackgasse oder auf einen falschen Weg zu geraten? Du kannst mit der folgenden Übung nicht nur das oben gesagte überprüfen, sondern auch, ob deine Lehre, der du dich derzeit widmest, bzw. dein Lehrer noch passen oder nicht.

Grundsätzlich gibt es eine sehr einfache und dabei sehr zuverlässige „Methode", wie du überprüfen kannst, ob das, was du als Hinweise zur geistigen Führung erhältst, aber auch das, was du als vielleicht als Ziel anstrebst oder was du gerade vorhast zu tun, für dich und deinen Entwicklungsweg und deine Individualität jetzt stimmig ist oder nicht.

Wenn dein Atem leicht und sanft fließt, wenn dein Herz ruhig und warm schlägt, wenn deine Gedanken und Gefühle harmonisch sind, voller Zuversicht, Klarheit und Vertrauen, dann geben dir Körper, Seele und Geist damit ein praktisch untrügliches Zeichen, dass dein Weg richtig ist. Es kommt nicht darauf an, ob du bei der folgenden Übung abschweifst, sondern ob dich ein Gefühl der inneren Freude und der heiteren Gelassenheit weiterhin begleitet. Auch ein solches Gefühl der klaren Freude ist ein Signal, dass du auf dem für dich richtigen Weg bist.

Falls dein Atem allerdings unregelmäßig wird oder unnatürlich, wenn du an die Botschaft oder das Vorhaben denkst, falls dein Herzschlag nicht mehr harmonisch und gleichmäßig läuft, falls du bleich oder rot, angespannt oder sorgenvoll wirst, dann sind das sichere Signale dafür, dass etwas für dich und für deine Individualität und Wahrheit gar nicht stimmt. Auch, wenn du statt Freude depressive Stagnation bzw. eine Stockung von Energien in dir spürst, zeigt dir das an, dass du nach einem anderen Weg und einer anderen inneren Haltung und Führung suchen solltest.

- Setz dich entspannt und bequem hin. Schließe die Augen.
- Atme tief und sanft in den Unterbauch hinein. Lass dir damit Zeit, bis du spürst, wie sich in dir Gefühle der Ruhe, Gelassenheit und Freude ausbreiten.
- Lege deine Hände auf den Bauch, damit du immer deinen sanften und tiefen Atem weiter wahrnimmst.
- In dieser Haltung bist du nun genügend neutral und unvoreingenommen, dass du an die Frage oder die Entscheidung denken kannst, die du überprüfen möchtest.
- Beobachte, wie sich dein Atem anfühlt und welche Empfindungen du hast, wenn du „Ja" zur Frage oder Entscheidung sagst. (Drei Beispiele: „Ist dieser Traum ein Hinweis, dass ich mehr auf meine Gesundheit achten soll?"; „Kommt diese Engelbotschaft aus einer reinen Quelle? Hilft sie mir in meiner Entwicklung weiter?"; „Ist die Entscheidung, umzuziehen, für mich und uns jetzt richtig?"
- Beobachte dann, wie sich Atem und Empfindungen entwickeln, wenn du „Nein" dazu sagst.
- Vergleiche bewusst, ob du beim „Ja" oder beim

„Nein" Freude, Gelassenheit, Harmonie und so fort gespürt hast. (Wenn du meinst, dass es keinen Unterschied gäbe, dann stelle dir eine leichtere Frage, zum Beispiel: „Ist es gut für mich, fünf Kilo Kartoffeln auf einen Sitz zu essen?" Dabei wirst du mit Sicherheit einen eindeutigen Unterschied in der Reaktion deines Körper-Seele-Geist-Systems auf Ja und Nein feststellen. Einen derartigen Unterschied, wenn er auch vielleicht viel schwächer ausfällt, wirst du dann bei der Wiederholung deiner Ausgangsfrage bemerken können.)
– Beende diese Übung, indem du nun nicht mehr an diese Frage denkst, bewusst sanft und tief atmest, dir selbst zulächelst und dich für die Selbstliebe öffnest.

Rückschau im Tages- und Nachtbewusstsein
Der Sinn der Übung ist, dass du in Zeiten, in denen du besonders gefordert bist, an dir selbst zu arbeiten, Klarheit und Stärke in jeder Situation bewahren kannst. Diese Übung hilft dir, alles zu nutzen, was dir die 24 Stunden eines ganzen Tages an Möglichkeiten bieten. Bei diesen Bewusstseinsübungen kommt es nicht darauf an, dass du sie jeden Tag immer wieder durchführst oder alle vier Teile absolvierst. Erlaube dir, den Übungsteil durchzuführen, der dich gerade anspricht.

Rückschau im Morgenbewusstsein
Wenn du morgens Botschaften, die dir in der Nacht gegeben wurden, bewusst wahrnehmen und notieren möchtest, solltest du als Erstes, nachdem du aufgewacht bist, dich im Bett aufsetzen und in dich hineinspüren:

– Welche Gefühle oder Bilder haben mich in der Nacht begleitet? (Falls du in der Nacht aufgewacht bist und dir eine Notiz gemacht hast – siehe Übung zum Nachtbewusstsein – dann stellst du dich darauf ein.)
– Welche Bedeutung haben die Gefühle oder Bilder, was sagen sie mir?

Diese Übung hilft, dich besser auf den kommenden Tag vorzubereiten. Denn in der Nacht (siehe Übung zum Nachtbewusstsein) übermittelt dir dein Schutzengel Hinweise und Botschaften für den folgenden Tag.

Rückschau im Tagesbewusstsein

Diese Art der Rückschau dient vor allem dazu, dass du deine innere Haltung und Einstellung überprüfst und immer wieder neu daran ausrichtest, welche Botschaften dir dein Schutzengel in der Nacht oder auch in einer morgendlichen Schutzengelmeditation übermittelt hat. Es ist gleich, ob du sitzt oder stehst; die Übung ist schnell gemacht.

– Atme tief durch, atme sanft und tief in den Unterbauch; komme zur Ruhe.
– Spüre dein Herzchakra warm und weich.
– Frage in dein Herz: Welche innere Haltung hat mir mein Schutzengel für den Tag heute empfohlen?
– Nimm diese Haltung erneut ganz bewusst an und stelle dich aktiv darauf ein.

Diese Übung hilft dir ganz konkret, eine lichtvolle Haltung im Alltag zu bewahren.

Rückschau im Abendbewusstsein

Setz dich bequem hin, aber nicht zu spät, damit du nicht zu müde bist und schnell einschlafen würdest. Eine gute Zeit ist so um 19 Uhr oder 20 Uhr. Die Übung kann etwa eine halbe Stunde dauern.

– Schließ die Augen und nimm dir vor, deinen Tag in der Rückschau durchzugehen. Du fängst jetzt an, gehst durch den Tag zurück bis zum Moment des Aufwachens.
– Du erinnerst dich daran: Welchen Tag haben wir heute, wie spät ist es jetzt?
– Dann betrachtest du deinen Tag, als ob ein Filmband rückwärts liefe. Zum Beispiel: Gerade vorher habe ich mich auf den Stuhl gesetzt, davor bin ich zum Stuhl gegangen, davor habe ich die Tür zum Wohnzimmer aufgemacht, davor bin ich vom Bad durch den Gang zur Wohnzimmertür gegangen, und so fort, bis zum Klingeln des Weckers am Morgen.
– Versuche dich an so viele Einzelheiten wie möglich zu erinnern. Wenn du diese Übung mehrmals gemacht hast, wirst du dir immer mehr Einzelheiten in Erinnerung rufen können.
– Die Übung soll dich nicht stressen. Wenn du merkst, dass du etwas übersprungen hast, geh nicht ganz an den Anfang zurück, sondern nur zu dem Ereignis, das du übersprungen hast und mache von dort aus rückwärts wieder weiter.
– Wenn es dir anfangs zu viel ist, einen ganzen Tag in der Rückschau zu betrachten, kannst du diese Übung mittags für die erste Tageshälfte machen, und abends eben für die zweite.

Die Übung, so schlicht sie klingt, erfüllt drei Zwecke:
- Sie hilft, deine Gehirnhälften auszugleichen und so Stress abzubauen.
- Du machst etwas, was die Kühe in ihren vielen Mägen tun: Du verarbeitest den Tag auf eine gewisse Weise, bevor du dich ins Bett legst. Das Tagesgeschehen wird also „vorverdaut". Damit wird deine Schlafruhe deutlich besser. So hilfst du deinem Schutzengel bei seiner Aufgabe, dich dabei zu unterstützen, deinen Tag zu verarbeiten und dann auch wieder loszulassen. Der Schutzengel widmet sich dieser Aufgabe nur zwischen 22 Uhr und 24 Uhr. (Es ist zwar von unseren üblichen Gewohnheiten her betrachtet vielleicht schade, dass das nicht auch noch später stattfinden kann, aber es steht im Einklang mit den kosmischen Gesetzen. Deshalb macht es viel Sinn, nicht zu spät ins Bett zu gehen!)
- Der wichtigste Grund für diese Übung ist, dass du dein Handeln noch einmal beobachtest und feststellst, was du bei einer nächsten Gelegenheit vielleicht anders machen willst und sollst, und welche Erkenntnisse du aus deinem Handeln am heutigen Tage sonst noch ziehen kannst.

Ich empfehle diese Übung auch bei Unruhe und Schlafstörungen.

Rückschau im Nachtbewusstsein
Du sollst wissen, dass dich dein Schutzengel in der Nacht zwischen Mitternacht und 2 Uhr morgens auf den neuen

9. Schulung der Intuition

Tag vorbereitet. Deshalb kann es passieren, dass du Träume empfängst, die Botschaften über den neuen Tag und dein Handeln enthalten.
– Falls du nachts aufwachst, notiere das erste Bild, das erste Wort, welches dir einfällt oder dir in den Sinn kommt, und schlaf dann weiter.

Mehr musst du nicht tun. Es geht nur darum, dass dir bewusst wird, wie wichtig und sinnvoll der Schlaf und Botschaften, die du während des Schlafes erhältst, für deinen Entwicklungsweg sind.

Den lieben Menschen, die nun vielleicht meinen, dass man so viele Übungen doch gar nicht praktizieren könnte, weil der Alltag mit seinen Verpflichtungen uns fast ganz „zuschüttet" mit Aufgaben, möchte ich ein Wort der Ermunterung sagen, aus eigener Lebenserfahrung. Ich bin als junge Mutter und mit der Arbeit für Vorträge und Seminare, mit Ausbildungen und Reisen zu Kongressen, zeitlich mehr als stark ausgelastet. Ich hätte gar keine Zeit, mich eine Stunde oder noch länger zum Meditieren zum Beispiel hinzusetzen. Und doch fühle und weiß ich mich fast ständig mit den lichtvollen geistigen Welten verbunden, und ich darf jederzeit in Kontakt mit Engeln und anderen Helfern treten. Das geht nur deshalb, so erlebe ich es wenigstens, weil ich mich immer wieder während des Tages, manchmal auch nur kurz, ganz bewusst auf die innere Führung durch höhere Lichtwesen einstelle.

Übung mit dem inneren Kind

Diese Übung hat mit dem 5. Schritt des Entwicklungsweges zu tun, mit der Frage „Welches positive Gefühl lehne ich unbewusst ab?" Es ist wesentlich zu begreifen, welche Gewohnheiten und Muster mich dazu zu bewegen, mich immer wieder selbst zu verletzen, mich in ungute Situationen zu begeben, mir selbst zu schaden. Welches Muster dominiert?

Die Übung mit dem inneren Kind hilft dir, tief in dich hineinzublicken, über das hinaus, was und wie du jetzt lebst. Dieser tiefe Einblick hilft dir zu erkennen, was du eigentlich wirklich leben möchtest. Du bekommst mit dieser Übung ein Werkzeug, um ein ungutes altes Muster zu mildern, schwächer werden zu lassen und schließlich oder sogar sehr bald ganz aufzulösen.

Die Übung ist zwar einfach und auch harmlos. Doch ist es gut, sie beim ersten Mal im Beisein eines lieben anderen Menschen durchzuführen, damit jemand da ist, der dich in den Arm nimmt, wenn du das brauchst.

1. Tiefes und ruhiges Atmen im bequemen Sitzen in den Unterbauch hinein üben. Die Augen dabei schließen.
2. Den Körper entspannen, von unten nach oben. Dazu spürst du nach einander in die Füße, die Beine, das Becken, den Bauch, den Rücken, die Hände und Arme, den Hals und den Kopf. Wo du Anspannung spürst, kannst du diese mit der Ausatmung loslassen. Auch wenn du das „nur" in deiner Vorstellung durchführst, wirst du merken, dass du entspannter wirst.

3. Deinen Schutzengel rufen, mit diesem Gebet: „Mein lieber Schutzengel, du bist in meinem Leben willkommen. Sei bei mir, nimm mich an deine Hand und führe mich, so, wie es gut für mich ist." Spüre oder stelle dir vor, wie deine Hand etwas wärmer wird, vielleicht leicht kribbelt; spüre, wie liebevolle Energie in deine Hand fließt.
4. Herzchakra weich spüren. Weiterhin mit geschlossenen Augen nimmst du dein Herzchakra weich und warm wahr.
5. In dein Herz fragen: „Welche Qualität möchte ich in mir entwickeln, damit ich meine Individualität deutlicher spüre und mehr verwirkliche?"
6. Die Qualität erspüren. Atme weiter ruhig und tief in den Unterbauch hinein. Öffne dich für die „Antwort" aus dem Herzchakra bzw. aus deinem Inneren, welche Eigenschaft sich dir zeigt. Empfange und benenne sie.
7. In dein Herz fragen: „Was hindert mich daran, diese Eigenschaft zu leben?" Atme bitte weiter ruhig und tief (manchmal neigt man nämlich dazu, sich bei mentalen Fragen, auch wenn sie in das Herzchakra gerichtet werden, im Kopf steckenzubleiben).
8. Bild aus dem Unterbewusstsein. Spüre, ob als Reaktion oder Antwort auf deine Frage, was dich hindert, ein Bild auftaucht, eine Farbe, eine Erinnerung, ein Gefühl, ein Gedanke, ein Symbol, ein Foto oder etwas anderes. Bitte betrachte, was immer auftaucht, als reiner Beobachter, ohne es zu bewerten. Es ist völlig „normal" und „natürlich", dass als Reaktion

auf die Frage an dein Unterbewusstsein, was dich daran hindert, erfüllter zu leben, Bilder oder andere Impulse auftauchen, die eher „negative" Eindrücke vermitteln, die an frühere ungute Situationen erinnern, und so fort. Häufig wirst du ein Bild bekommen, in dem du als kleines Kind irgendeine Erfahrung hast, die dich traurig macht oder blockiert.

9. Bild positiv verändern. Du veränderst das Bild, das Symbol, die Farbe, den Gegenstand in einigen Aspekten so sehr, bis du darüber lachen kannst. Einige Beispiele: Nehmen wir an, du siehst dich als Kind in der Küche, in der die Eltern streiten. Darüber bist du traurig; diese frühe „Grundstimmung" von Trauer hindert dich daran, echte Lebensfreude zu genießen. Nun nimmst du einen Pinsel, malst die eine Wand sonnengelb an, du setzt deiner Mutter in diesem Bild einen lustigen Hut auf und deinem Vater eine rote Clownsnase. Oder du siehst eine dunkle Farbe. Die veränderst du nun zu einer hellen, strahlenden. Oder du siehst einen Gegenstand wie ein Messer, das schneiden will. Du steckst es in eine dicke Lederscheide und hängst bunte Bänder daran. Mach das, was dich zum Lachen bringt. Lebe jetzt die Gefühle aus, die du erfahren möchtest. Du kannst auf diese Weise etwas machen, was manche mit dem Begriff bezeichnen: „Es ist nie zu spät, eine glückliche Kindheit zu haben." Dies ist also eine einfache Methode, alte Prägungen aus der Kindheit aufzulösen und neue zu bilden. Bitte denke daran, die ganze Zeit über weiter tief und ruhig in den Unterbauch hineinzuatmen.

10. Die neue positive Eigenschaft spüren. Spüre, dass du diese Qualität, die du dir vorgenommen hast, durch das Auflösen dieser alten Blockaden oder Erinnerungen jetzt leben kannst. Spüre diese Qualität jetzt in dir.
11. Atmen, lieben, lächeln, zu sich kommen. Zum Abschluss der Übung atmest du erneut einige Atemzüge lang sanft weiter wie zuvor und bedankst dich bei deinem Schutzengel und der lichtvollen geistigen Welt. Du nimmst bewusst und aktiv wahr, wie du dich besser und mehr annehmen und lieben kannst und gestehst dir dieses schöne Gefühl auch zu. Lächle dir selbst zu. Spüre, wie sich dein Gesicht mit dem Lächeln noch mehr aufhellt, wie du strahlst. Dann spüre in deine Beine und Füße, in die Arme und Hände hinein, komme wieder ganz zurück in das Hier und Jetzt, wende dich wieder deinem Leben in deiner Umgebung zu.

Diese drei Übungen werden dir bei deinem Entwicklungsweg immer wieder helfen, führe sie ruhig häufiger durch, auf jeden Fall immer dann, wenn du dich nicht im Gleichgewicht fühlst und nicht weißt warum, oder wenn du dich wie in einer Sackgasse fühlst.

Die Schulung der Intuition ist ein wesentliches Kennzeichen für die Neue Zeit. Denn erst dann werden immer mehr Menschen ihre Entwicklungswege und ihre Lebenspläne erkennen und erfüllen können. Für deinen Weg wünsche ich dir viel Freude.

10.

EINLADUNG ZUR LIEBE IN DER NEUEN ZEIT

Wir alle stehen nicht nur an der Schwelle einer Neuen Zeit, sondern sind bereits mitten in ihrem Aufbruch. Wir können eine neue Lebensqualität für uns und für alle Menschen entwickeln. Ein zentrales Ziel und zugleich ein wichtiges Werkzeug, um dieses Ziel zu erreichen, ist die Ausbildung einer hohen emotionalen, mentalen und spirituellen Selbständigkeit. Es geht um klare Sicht auf den eigenen Entwicklungsweg und um die Erkenntnis, dass du einen Lebensplan hast, den du in diesem Leben auch erfüllen kannst. Dabei wirst du immer gestützt, geführt und erfüllt von den lichtvollen geistigen Wesen und aus ihren Welten. Der Aufbruch in dieses neue Leben bringt dir auch eine neue Freude mit sich (denn das Leben darf ja auch Spaß machen).

10. Einladung zur Liebe in der Neuen Zeit

Von Leid zu Liebe

Sehr viele Menschen erfahren ihr Leben als leidvoll, sie stecken so im Alltag, in vielen Verpflichtungen, auch im Überlebenskampf, dass sie gar nicht Muße finden, über Ziel und Sinn ihres Lebens nachzudenken, dass sie glauben, sich nicht Zeit für sich selbst nehmen zu dürfen. Sie können sich meist überhaupt nicht vorstellen, dass das Leben überwiegend schön sein sollte und könnte, dass auch sie Erfüllung finden können – nicht eines fernen Tages oder im unbekannten Jenseits, sondern schon hier und jetzt.

Diese Menschen wissen nicht, dass Liebe der höchste Sinn des Lebens ist, dass Liebe der Grund ist, warum wir hier sind, der Weg, den wir gehen sollen und können, und das Ziel, dem alle Wesen zustreben. Hoffnung und Glauben ermangeln ihnen – nicht weil sie diese ablehnen, sondern weil sie aufgrund ihrer bisherigen Lebenserfahrungen nicht mehr zu hoffen und zu glauben wagen.

Es gibt jedoch sehr wohl Wege vom Leid in die Liebe, aus einem Leben der Schwere und der Dunkelheit in ein Leben der Leichtigkeit und des Lichts. Diese Wege wollen uns die Engel und andere lichtvolle Wesen zeigen, auf diese Wege möchten sie uns aufmerksam machen. Und sie bieten an, unsere Begleiter, Reiseführer und Freunde auf diesen Wegen zu sein, gerade so, wie wir es jeweils brauchen.

Dieses Buch hat dazu gedient, einige solcher Wege zu beschreiben, Hintergründe zu erklären, praktische Übungen anzubieten. Ganz wesentlich ist und bleibt dabei immer, was du möchtest, wie du dich entscheidest, wonach du suchst, wie du dein Denken und deine geistige Haltung ausrichtest.

Über diese innere geistige Haltung, die meist die notwendige Voraussetzung dafür ist, einen lichtvollen geistigen Weg und Kontakt zu lichtvollen geistigen Helfern zu finden, möchte ich am Schluss dieses Buches und zu einem guten Ende noch einige wichtige Punkte ausführen.

Jeden Tag neu beginnen

Jeder Mensch kann (und ich glaube, muss) sich jeden Tag immer wieder neu und ganz konsequent für die Liebe entscheiden. Ich versuche das wirklich jeden Tag, was mir als junger Mutter vielleicht auch dadurch leichter gemacht wird, dass ich meine Tochter jeden Morgen wieder als ein besonderes Geschenk sehen darf.

Damit aus erst weniger häufigen Erlebnissen in der lichtvollen geistigen Welt und anfangs vielleicht seltenen Erfahrungen von Engeln ein festes Vertrauen wird und die Kraft, in der inneren Mitte zu ruhen, müssen wir uns dafür immer wieder täglich neu entscheiden, wir müssen es immer mehr und besser üben und vertiefen.

Mein Ziel und meine Aufgabe ist, anderen Menschen zu helfen, ihre Individualität zu erkennen und zu leben und dazu beizutragen, dass wir die Neue Zeit bewusst zu einem Goldenen Zeitalter machen. Das geht nur durch konsequente Entwicklung der inneren Haltung, durch eine wache und gelöste Selbst-Wahrnehmung. Was ist damit gemeint?

Im Leben von uns allen gibt es Stress, Probleme, Ablenkungen, Schwierigkeiten. Wie sehr vermag ich, wie sehr vermagst du, dich hinzusetzen, ruhig durchzuatmen, in deine Mitte zu gelangen – und dabei Gefühle, Gedanken und Erinnerungen zwar wahrzunehmen, dich davon aber nicht überfluten zu lassen? Sie anzuschauen als das was sie sind, dich damit jedoch nicht emotional zu identifizieren? Wie sehr bist du bereit zu erkennen, zu erspüren und anzunehmen, dass du selbst ja auch ein geistiges Wesen bist und deshalb – sogar ohne Engel und Naturwesen – immer in Verbindung mit den lichtvollen geistigen Welten bist? Und da du immer in Verbindung mit dem göttlichen Licht bist, ist es sowohl dein Privileg als auch deine Fähigkeit, deine Gabe und zugleich deine Möglichkeit, dieses Licht auch fließen zu lassen und selbst auszustrahlen. Die Tatsache, dass wir lichtvolle Geistwesen sind, ist sowohl Geschenk wie Verpflichtung!

Für die innere Haltung ist die Ich- und Selbst-Wahrnehmung entscheidend. Eine rechte Ich- und Selbst-Besinnung führt dazu, dass du wahrnimmst, aber nicht bewertest. Du siehst, was es alles in dir und anderen Menschen gibt, betrachtest das jedoch als Beobachter, als „Zeuge", nicht als Täter oder Opfer. Das führt zu echter Liebe für Ich und Selbst, das lässt echte Liebe für die Menschen und für alle Wesen wachsen.

Diese geistige Haltung des Betrachters, des Zeugen, ist für die meisten von uns vielleicht neu. Wir sind so sehr in den Täter- und Opferrollen und -mustern befangen, dass wir uns kaum auch nur vorstellen können, dass man Anteil nehmen kann, ohne verwickelt zu werden, dass man Mitgefühl haben kann, ohne mitzuleiden, dass man wirken kann, ohne sich Karma aufzuladen und zum „Täter" zu werden.

Hier helfen uns erneut die Engel und andere lichtvolle Helfer, denn genau dies ist ihre geistige Haltung. Die geistige Haltung der Engel ist immer die Zentrierung im lichtvollen Bewusstsein und die Ausrichtung auf die göttliche Quelle; sie sind immer voll gelöster Anteilnahme und liebevoller Zuwendung; sie wirken immer, ohne Ego und in voller Achtung vor dem freien Willen des Menschen einerseits und Erfüllung durch die schöpferische Liebe andererseits.

Dass wir eine solche lichtvolle, gelöste, nicht bewertende und dabei aber immer schöpferische und liebevolle innere Haltung nähren und bewahren und aus einer solchen Haltung heraus fühlen, denken, handeln, das Leben gestalten und uns am Leben erfreuen, ist Aufgabe und Herausforderung in der Neuen Zeit.

Unsere Engelaufgabe in der Neuen Zeit

Du hast die Aufgabe – und die Chance! –, dein eigenes Leben zu heilen. Du hast die Möglichkeit bekommen, dein Leben bewusst zu gestalten. Aber wenn wir einmal begonnen haben, wacher zu werden, dürfen wir nicht vielleicht abwarten, bis wir „vollkommen" sind, um auch anderen Wesen und der Welt zu helfen, zu ihrer Heilung zu finden.

10. Einladung zur Liebe in der Neuen Zeit

Wir alle sind jetzt in dieser Übergangsphase zur Neuen Zeit inkarniert, weil wir bereits das Potenzial und die Eigenschaften in uns tragen, um ein neues Denken, ein neues Fühlen, ein neues Leben zu verwirklichen. Es hat ja seinen Grund, warum ab dem Ende des 19. Jahrhunderts und dann verstärkt in der zweiten Hälfte des 20. Jahrhunderts immer mehr Menschen „Erscheinungen" lichtvoller Wesen erfahren durften. Denken wir nur an Lourdes und Fatima, an Medjugorje und Großgmain, an Chimayo und viele andere Orte, an den Marienerscheinungen und Lichtwesen von vielen Tausenden von Menschen erfahren werden konnten. Sie erlebten unmittelbar selbst, dass es lichtvolle Welten und Wesen gibt, die Führung und Hilfe und Heilung anbieten.

Im letzten Jahrhundert, nach dem II. Weltkrieg, war auch in fast allen Ländern der Erde zu beobachten, wie das Interesse für den Kulturaustausch zunahm, wie alte Heilkünste wieder entdeckt wurden, wie unmittelbare erlebte Spiritualität und natürliche Heilweisen einen „Boom" erfuhren. Man lief geradezu zu Meistern und Gurus, es gab fast so etwas wie eine „Heilerschwemme", auch akademisch ausgebildete Ärzte wandten sich östlichen Methoden wie Akupunktur oder westlichen, wie der Homöopathie zu. Eine Zeit lang war es, als ob Wunder und Wunderheilungen, nie erhoffte Erleuchtungswege und vergessene Heilmethoden eine wahre Renaissance erlebten. Dabei ließen sich viele Menschen jedoch auch zu einer „Konsumhaltung" verführen, in der sie Heilung oder Erleuchtung nur „abholen" oder „kaufen" mussten, anstatt eigene Verantwortung zu übernehmen. Inzwischen hat in beiden Bereichen eine Rückbesinnung auf die eigene Verantwortung, aber auch die eigenen inneren Kräfte stattgefunden. Viele haben erkannt, dass sie selbstverständlich Hilfe in Anspruch nehmen sollen und dürfen, aber nicht um den Preis offener oder verdeckter Abhängigkeiten und nicht um den Preis der Selbstaufgabe ihrer inneren schöpferischen, göttlichen und heilenden Kräfte.

Nun, am Anfang des 21. Jahrhunderts, nach dem Fall der Mauer und des „Eisernen Vorhangs", und zugleich am Beginn des 3. Jahrtausends unserer Zeitrechnung beobachten wir alle nicht nur einen inzwischen globalen Austausch von Informationen und Reisen von Menschen über alle bisherigen irdischen Grenzen hinaus, sondern auch eine enorme Öffnung für Engel und lichtvolle Wesen. „Wie oben, so unten!"

Nicht nur das Interesse, sondern auch die Offenheit und die eigene Erlebnisfähigkeit vieler, vieler Menschen nimmt immer mehr zu. Es wird deutlich, dass viele auch eigene Kontakte zu den lichtvollen geistigen Welten aufnehmen und sich in ihrem Leben führen lassen können. Engeltage und Engelseminare sind ein äußerlich sichtbares Zeichen dafür; die Bereitschaft von Menschen, ihr lichtvolles Erbe in ihrem eigenen Lebenskreis zu verwirklichen, ein vielleicht weniger öffentlich beachtetes Zeichen, das aber umso nachhaltiger wirkt. Mir scheint im Hinblick auf den Umgang mit Engel der Hinweis wichtig, dass auch hier eine „Konsumhaltung" oder ein Abtreten der Eigenverantwortung an tatsächliche oder auch nur vermeintliche Engelchannel oder Engelübermittler wirklich nur eine Übergangsphase sein sollte, auf die dann die tatsächliche eigene Erfahrung und die eigene Verbindung mit den lichtvollen geistigen Welten folgen sollte. (Genau dazu dienen meine entsprechenden Kurse und Ausbildungen, diese spirituelle Selbständigkeit der Menschen zu fördern.)

Über die persönliche Erfahrung und Heilung hinaus haben wir, die wir jetzt inkarniert sind und inzwischen erwacht sind, aber auch eine größere Aufgabe: Den Himmel auf die Erde zu bringen! Wir sollen – und können! – Qualitäten des Himmels auf der Erde manifestieren. Dazu gehören geistige Bewusstheit, Mitgefühl ohne Mitleid, gelöste Freude ohne Gier oder Sucht, menschliche Zuwendung ohne Abhängigkeit und so fort.

Es geht darum, die Chancen unserer besonderen Zeitqualität zu nutzen, um aus alten Informationen und Mustern herauszukommen bzw. sie abzulegen, und neue, höhere, lichtvolle Handlungsweisen, Reaktionen und Gewohnheiten zu entwickeln und zu festigen.

Wir sind lichtvolle geistige Wesen mit und auch ohne verfasste Kirchen und dogmatisierte Religionen.

Du und ich – wir beide, wir alle tragen mit die Verantwortung dafür, dass wir den nächsten Schritt in der Evolution der Menschheit und der Erde vollziehen. Vielleicht meinst du, dass du ja viel zu schwach, spirituell „zu wenig entwickelt", zu sehr nur in einem kleinen persönlichen Umfeld wirken könntest? Ist das unter Umständen ein Vorwand, damit man sich nicht zum Himmelserbe des Lichtwesens, das wir alle sind, bekennen muss? Und dass man sich deshalb auch vor der Verantwortung für die Manifestation des Lichtes „drücken" kann? Auch Mahatma Gandhi und Mutter Teresa sind nur jeweils Menschen gewesen, und wie viel haben sie bewirkt?

Der Sinn der Bemühung um alle spirituelle Entwicklung und auch der Sinn dieses Buches ist, dass wir jederzeit in Verbindung mit den lichtvollen geistigen Welten sind und uns von ihnen Kraft und Verstehen für unser Leben in der Gegenwart hier auf der Erde holen.

Du kannst für dich und für die Welt sehr viel wirken, ohne Karmalast oder Mitleiden, da dich die göttliche Kraft ja so sehr liebt, dass du jetzt hast inkarnieren können, dass du mit diesem Leben beschenkt worden bist, dass du in deiner Bewusstheit so weit erwacht bist, dass du Impulse aus den lichtvollen Welten ahnst, spürst oder direkt empfängst. Schenke dir selbst mindestens genauso dasselbe und genauso viel Vertrauen, wie es dir Gott, die Christuskraft, die Erzengel und Engel und die lichten Helfer in und mit jedem Atemzug deines Seins schenken – und lebe ein Leben der Liebe. Das bereits genügt, das allein ist bereits mehr als genug, um mitzuhelfen, unsere Welt in das Goldene Zeitalter zu führen.

Dafür wünsche ich dir von Herzen Mut, Kraft, Begeisterung und Liebe.

ANHANG

Biographische Hinweise zu Jana Haas

Die Heilerin und Lehrerin Jana Haas wurde am 27.3.1979 im damaligen Zelinograd (heute Astana, die Hauptstadt Kasachstans, das bis 1991 Teil der UdSSR war) als Tochter einer Russlanddeutschen („Wolgadeutschen") und eines Russen geboren. Sowohl ihre Mutter als auch vor allem ihre Urgroßmutter besaßen schon heilerische Fähigkeiten. Bereits als Kind hatte Jana Haas Kontakt zu den „unsichtbaren Welten" und lichten geistigen Wesen.

Vom 6. bis zum 12. Lebensjahr wuchs sie in Pawlodar auf und ging dort zur Schule. Die Familie zog dann nach Deutschland um, zunächst in die Nähe von Bonn. Jana Haas besuchte dort die Realschule, dann eine Höhere Handelsschule, und absolvierte danach eine Ausbildung als Immobilienkauffrau.

Mit 23 Jahren zog sie an den Bodensee, begann dort Ende 2002 eine beratende mediale Mitarbeit in einer Naturheilpraxis, „energetische Behandlungen" sowie Privatberatung im Rahmen von „Engelgesprächen".

Ab Herbst 2005 eröffnete Jana Haas eine Heilerschule mit Vorträgen, Seminaren und Workshops, die eine stetig steigende Zahl von Menschen anspricht, denen sie hilft, ihre eigene geistige Quelle und ihre eigenen spirituellen Kräfte zu entdecken und sinnvoll zu nutzen.

Vom Frühjahr 2008 an wird sie regelmäßige öffentliche Vorträge halten, auch außerhalb des Bodenseeraumes, in denen sie Wissen aus der feinstofflichen Welten mit praktischer Lebenshilfe und persönlichen Engelbotschaften verbindet. Jana Haas wird eine Hauptreferentin bei den Münchner Engeltagen am 19. und 20. April 2008 sein.

Weitere Seminartermine in München und Salzburg zum Thema „Entwicklungsweg und Lebensplan, und wie die Arbeit mit Erzengeln und Schutzengeln dabei helfen kann":
München 17. + 18. Mai 2008
Salzburg 18. und 19. Oktober 2008
Weitere Informationen siehe auf der Webseite:
www.engeltage.org

Kontakt
Jana Haas bietet vor allem folgende Kurse, Seminare und Ausbildungen an, neben zahlreichen Vorträgen und Meditationen:
– Engelworkshops (ca. 3 Stunden, mit persönlichen Botschaften für jede/n; Teilnehmerbegrenzung auf unter 30 Personen) (in der Hubenmühle und Bad Honnef; ab 2008 auch in München und Salzburg).

- Lehrgang für energetische HeilerInnen (3 Teile an jeweils 5 Wochenenden; in der Hubenmühle und Bad Honnef). In diesem Seminar geht es um die Entwicklung und Anwendung von Heilkräften.
- Schulungsseminar und geistiges Schauen (2 x 5 Tage; Anfänger und Fortgeschrittene). Bei diesem Lehrgang steht das Erlernen von Hellsichtigkeit im Mittelpunkt.
- Einmal im Jahr bietet sie einen 5-tägigen Kurs zum Thema „Engel und Naturwesenwoche" an. Wir erleben Kontakte mit Engeln und Naturwesen und üben, diese Verbindungen zu vertiefen.
- Jahresausbildung „Entwicklungsweg und Lebensplan: Die individuelle Entfaltung deiner Persönlichkeit und Spiritualität" (ab 2009).

Wenn Sie sich für Vorträge oder Seminare mit Jana Haas interessieren, dann finden Sie über die nachfolgend aufgeführten Kontakte entsprechende Informationen:

Webseiten: www.jana-haas.de; www.jana-haas.net
E-Mail: anna@jana-haas.de
Telefon: +49-(0)7552-938399
cosmogetic-institut Jana Haas: Hubenmühle 4, D 88634 Herdwangen-Schönach, Deutschland.

Jana Haas' Zentrum ist im Bodenseekreis; die Veranstaltungen in Bad Honnef bei Bonn finden in der Villa Schaaffhausen statt; alle weiteren Informationen auf ihren Webseiten (siehe oben).

Bei Interesse an Vorträgen und Seminaren von Jana Haas sowie für Informationen über Termine in München und Salzburg wendet man sich an:
Wulfing von Rohr, Tel. +43-(0)6246-74448;
E-Mail: info@bodyspirit.org; www.engeltage.org; www.bodyspirit.org

Hinweise auf CDs, Engelkartenset und Bücher
CDs von Jana Haas von Vorträgen und Seminaren
– Die 7 Erzengel
– Die Heilkraft der Erde und des Himmels
– Das Jenseits: Wir kommen alle in den Himmel
– Karma aus der Sicht der Engel
Dauer der CDs jeweils ca. 60 Minuten;
Preis 17,50 (inkl. MWSt. und Versand in Deutschland); Bezug dieser CDs über das cosmogetic-institut in Jana Haas in Herdwangen-Schönach (Adresse siehe oben).

Im Allegria Verlag Berlin wird im Herbst 2008 ein Engelkartenset erscheinen mit 44 Engeln und einem Begleitbüchlein zum Gebrauch der Karten. Es sind Selbsthilfekarten für eigene Engelkontakte und spirituelle Arbeit in der neuen Zeit: „Engel in der neuen Zeit: Die Weisheit der lichten Helfer".

Bücher von Wulfing von Rohr
– *Kraft der Engel* (Ein Inspirationsbüchlein mit Engelworten zu jedem Tag); Urania Verlag CH-Neuhausen 1995
– *Engel, Boten des Himmels, Boten der Seele* (Ein Grund-

lagenbuch über Engel in Religion und Literatur, in Märchen und Psychologie, mit zwölf Engel-Meditationen); Lüchow Verlag Stuttgart 2006
- *Meditation – Ein Praxisbuch für den Alltag* (Ein Grundlagenbuch über Meditation als Lebenskraft aus der Mitte; mit zahlreichen Übungen); Lüchow Verlag Stuttgart 2005 (dazu gibt es auch eine Übungs-CD im selben Verlag)
- *Das Seelen-Orakel* (60 Karten zur psychologisch-spirituellen Arbeit, zur Selbsterkenntnis, als Orakel; mit Begleitbüchlein); Allegria Verlag Berlin 2007
- *Worauf es wirklich ankommt* (Ein Begleiter zu wesentlichen Fragen der spirituellen und irdischen Lebensführung); Via Nova Verlag Petersberg 2004

- *Die neue Verbindung von Psychologie und Esoterik*
- *Weisheit und Hilfe für die Lebensthemen in 60 Symbol- und Kraftbildern aus den fünf Seelenebenen*

WULFING VON ROHR
Das Seelen-Orakel
60 Karten + 96 Seiten Booklet
9,5 x 13,5 cm
€ [D] 19,95 / € [A] 20,60 / sFr 34,80
ISBN 978-3-7934-2109-2

Das Seelen-Orakel

Das Leben verstehen und bewusster gestalten, alte Wunden heilen und Blockaden auflösen, Quellen der Weisheit entdecken, eigene Kräfte entfalten, neue Visionen entwickeln mit einem Orakel der Archetypen, Symbole und mythischen Bilder. Das beiliegende Büchlein gibt praxiserprobte Anleitungen zur Benutzung der 60 Karten, erklärt die Symbolik und macht Vorschläge zur Anwendung und Bedeutung.

Das neue Handbuch der bekannten Farb-Therapeutin

Das neue Praxisbuch zum Nachschlagen: Heilung und Verbeugung, emotionaler Schutz und mentale Arbeit, Magie und Meditation mit 33 Kraftfarben. Dieses Buch zeigt, wie Licht und Farben harmonische Schwingungen im Energiefeld eines Lebewesens hervorrufen können. Es beschreibt Meditationen, gibt zahlreiche Farbtherapievorschläge sowie Informationen über die Lichtkörper, die Aura eines Menschen und bietet einen 12-Farben-Test. Der Leser erlernt das Erspüren der Chakren und findet erprobte Behandlungshinweise aus der Heilpraxis.

**INGRID KRAAZ VON ROHR
WULFING VON ROHR
Kraft und Magie der Farben**
*Das Handbuch der Kraftfarben
192 Seiten*
€ [D] 8,95 / € [A] 9,20 /
sFr 16,90
ISBN 978-3-548-74403-2

Neue Engel-CDs von Doreen Virtue

Allegria HÖRBUCHHAMBURG

Begegnungen mit den Engeln auf CD

DOREEN VIRTUE
Himmlische Helfer
1 CD, 70 min
€ [D] 12,95
ISBN 978-3-89903-514-8

DOREEN VIRTUE
Heilgeheimnis der Engel
1 CD, 70 min
€ [D] 12,95
ISBN 978-3-89903-515-3

Doreen Virtues neue himmlische Botschaften

Allegria

DOREEN VIRTUE
Botschaft der Engel
Gebunden mit
Schutzumschlag
272 Seiten
€ [D] 19,95 / € [A] 20,60
sFr 34,80
ISBN 978-3-7934-2107-8

DOREEN VIRTUE
**Das Orakel
der himmlischen Helfer**
Engel & Schutzheilige
44 Karten mit Anleitung
€ [D] 19,95 / € [A] 20,60 / sFr 34,80
ISBN 978-3-7934-2073-6

Die Chakra-Reinigung nach der Doreen-Virtue-Methode

DOREEN VIRTUE
Chakra Clearing
Die Reinigung der sieben Energiezentrum
144 Seiten
€ [D] 18,– / € [A] 18,50
sFr 31,60
ISBN 978-3-7934-2099-6

In diesem Buch und auf der beiliegenden CD werden die Funktionen der Hauptchakras erklärt und eine spirituelle Methode unterrichtet, mit deren Hilfe wir die Chakras von Angst reinigen können. Unser natürlicher Seinszustand zeichnet sich durch hohe Energie, Intuition und Kreativität aus. Es gibt nichts, was wir hinzufügen müssten, um diese Eigenschaften genießen zu können – sie sind bereits ein Teil unseres innersten Wesenskerns. So wie ein Bildhauer die Teile der Statue abschleifen muss, die nicht Aspekte der ihm vorschwebenden Kreation sind, müssen auch wir nur die Gedanken der Angst beseitigen, um unsere inneren Qualitäten freizulegen.

CELESTINE
Der Kult-Roman zum ersten Mal vollständig auf CD

**JAMES REDFIELD
Die Prophezeiungen von Celestine**
Zum ersten Mal vollständig
als Hörbuch in neuer Aufnahme
gesprochen von Henk Fleming
€ [D+A] 34,95
Unverbindliche Preisempfehlung
ISBN 978-3-89903-535-3

Die abenteuerliche Suche nach den 9 Prophezeiungen führt zu einem Quantensprung des Bewusstseins – ein bis heute einzigartiger Bestseller

Mit »Celestine« schrieb James Redfield eines der größten Kult-Bücher der letzten 10 Jahre, das allein in Deutschland über 2 Millionen Leser gefunden hat und bis heute eine weiter wachsende Fan-Gemeinde begeistert.

In dieser ersten vollständigen und neu aufgenommenen Hörbuchfassung spricht Henk Fleming den Ich-Erzähler, der in eine abenteuerliche Jagd nach dem größten Geheimnis der Menschheit verwickelt wird, die ihn von Los Angeles bis zu geheimnisvollen Ruinen im Dschungel von Peru führt.

9 CD, 10 Stunden 25 Minuten mit Tracks